바둑이

알면 이길 수 있다

1

이윤희의 포커 아카데미 시리즈

바둑이 알면 이길 수 있다 ❶ 〈로우바둑이〉 초급·중급편

1판 1쇄 발행 2019년 4월 30일
지은이 이윤희

펴낸이 배호진 | **펴낸곳** 도서출판 여백
주소 서울시 용산구 원효로 153, 8층 858호 [04363]
전화 02-798-2368 | **팩스** 02-6442-2296
이메일 ybbook1812@naver.com
출판등록 2018년 12월 18일 제 2002-000076호

ISBN 979-11-966036-4-9 04690
ISBN 979-11-966036-3-2 04690 세트

이 도서의 국립중앙도서관 출판사도서목록(CIP)은 서지정보유통지원시스템 홈페이지(http://seoji.nl.go.kr)와
국가자료공동목록시스템(http://www.nl.go.kr/kolisnet)에서 이용하실 수 있습니다.
CIP제어번호 : CIP2019011867

이윤희의 포커 아카데미 시리즈

바둑이

알면 이길 수 있다

1

로우바둑이

초급 · 중급편

도서출판
여백

저자의 말

필자가 『포커 알면 이길 수 있다』라는 책을 낸 지도 벌써 20년이 지났다. 이 자리를 통해 그 사이 독자 여러분께서 보내주신 너무도 분에 넘치는 관심과 성원에 진심으로 감사의 말씀을 드린다.

벌써 몇 년 전부터 우리나라의 바둑이게임이 미국과 서구 여러 나라에서 많은 인기를 끌고 성행하는 모습을 보며 필자는 참으로 뿌듯함을 느꼈다. 바둑이게임은 150여 가지의 모든 포커게임 중 유일하게 우리나라에서 만들어져, 포커를 내셔널게임 National Game이라 부르고 있는 미국과 서구로 역수출된 게임이기에 대한민국 고유의 포커게임이라는 자부심을 가질 수 있기 때문이다.

그렇기에 우리나라 사람이 전 세계 어디를 가든 바둑이게임에서만은 이길 수 있도록 정확한 실전이론을 알려주는 것이 필자의 의무라고 생각했다. 아울러 세븐오디게임을 주로 다룬 지난번 책을 발간한 이후, 바둑이게임에 대한 실전이론서를 써달라는 수많은 독자 여러분의 요청에 늦게나마 부응하고자 이 책을 쓰게 되었다.

골프에 핸디가 있고 바둑에 급수가 있듯이, 포커게임에도 특별한 표현방법은 아직 없으나 분명히 실력의 차이는 있다. 그렇지만 포커게임의 가장 큰 매력이자 함정이 바로 '아무도 이 실력 차이에 대해 논하지 않는다'라는 사실이다. 따라서 포커게임은 체급경기로 비교하면 헤비급과 플라이급이 같은 조건으로 같은 링에서 승부를 겨루는 것이나 마찬가지다. 그렇기에 고수들은 일부러 져주려고 마음먹지 않는 한 패배하기 어렵고, 하수들은 하늘이 돕는 행운이 따라주지 않는 한 이기기 어렵다. 그래서 포커게임에서는 실력 차이가 많이 나는 고수와 하수 간의 게임은 '치수구라'라고 하여 사기도박이라고까지 말할 정도다.

그런데도 이렇게 이기기 어려운 포커게임을 왜 수많은 하수가 포기하지 않고 계속하는 것일까?

그 이유는 너무나 간단하다. 하수들은 자신의 실력이 부족하다는 것을 인정하지 않기 때문이다. 또한 애당초 포커게임에 있어 실력 차이란 없다고까지 생각하며, 설령 실력 차이가 약간은 있다고 인정해도 그것이 결코 게임 결과에 큰 영향을 주지 않는다는 아주 잘못된 생각을 가지고 있기 때문이다.

이처럼 하수들은 포커게임을 '패 떠먹기'라고 생각하며 자신의 패배를 단지 불운한 탓으로 돌려버린다. 그리고는 항상 애꿎은 행운의 신만을 원망하며 '나도 패만 뜨면 딸 수 있어'라고 부르짖는다.

그렇기에 하수들의 이러한 생각이 얼마나 크게 잘못된 것인지를 지금부터 필자가 하나하나 증명해나갈 것이다. 그리고 독자 여러분은 계속해서 고개를 끄덕이며 감탄하게 될 것이다. 그래서 한 가지씩 차례로 숙지해 모든 내용이 여러분의 것이 되었을 때 비로소 여러분도 고수의 대열에 들어설 수 있다고 필자는 확신한다.

2019년 4월

이윤희

바둑이 알면 이길 수 있다 ♠

목차

바둑이 알면 이길 수 있다

목차

BADUGI

고급편

BADUGI

이론에 앞서

필자가 처음 『포커 알면 이길 수 있다』라는 책을 출간했을 때 한 공중파 방송에서 포커에 관한 여러 가지 이야기를 들어보고 싶다며 출연을 요청한 적이 있었다.

필자는 흔쾌히 수락했고, 방송 전에 어떤 식으로 진행을 할 것인지를 상의하기 위해 방송국에 가게 됐다.

그랬는데 그 당시 담당 PD였던 K가 필자에게 가장 먼저 요청한 것이 "포커를 하면 모두가 패가망신한다. 그러니 절대 포커를 가까이 해서는 안 된다"라는 결론을 가지고 프로그램을 진행해야 한다는 것이었다. 그러나 필자는 그러한 K의 제안을 단호하게 거절했다. 미력한 힘이나마 포커게임을 음지에서 양지로 끌어내 보고 싶은 필자의 소망에 너무도 위배되는 조건이었기 때문이다. 결국 필자가 끝내 물러서지 않자 그 방송은 취소됐다.

그리고 나서 서로가 아쉬움을 달래며 헤어지기 직전이었다. K가 필자에게 조용한 곳에 가서 담배나 한 대 피우자며, 사무실 한 구석의 회의실 같은 곳으로 데리고 갔다. 그리고는 "미안하다. 사실은 나도 물론이고,

같이 일하는 저 친구(밑의 직원들)들도 다들 포커를 좋아하고 자주 한다. 오늘 저녁에도 한판 붙을 계획이다. 하지만 아직은 우리나라 공중파 방송에서 포커를 옹호하는 식의 프로그램을 할 수는 없다. 이해해 달라"는 것이었다.

K와 이야기를 마치고 방송국 밖으로 나오며 필자는 '포커＝도박'이라는 정서가 너무도 깊게 뿌리박혀 있는 우리나라의 문화가 몹시 서운하게 느껴졌다. 하지만 어쩔 수 없는 일이었다.

워싱턴 주의 포커 챔피언이라 불릴 정도의 뛰어난 실력자였던 미국의 유일한 4선 대통령 프랭클린 루즈벨트, 자신의 3대 장수 비결 중 하나로 포커를 들었던 중국의 작은 거인 등소평. 과연 우리나라 사람들이라면 이들이 즐겼던 포커게임도 도박이라고 단언하고 매도할 수 있을까?

가장 합리적이고, 가장 신사적이고, 가장 미국적인 게임

우리나라에서는 아직도 도박이라는 두 글자로 단호하게 매도되고 있는 포커게임.

그러나 포커게임은 '가장 합리적이고, 가장 신사적이고, 가장 미국적인 게임'의 대명사로서 20세기 초반부터 지금까지 전 세계인에게 많은 사랑을 받으며 폭발적인 인기를 누리고 있다. 특히 미국에서는 포커를 내셔널게임 National Game 이라고 칭할 정도다.

이렇듯 이미 오래전부터 미국과 서양에서는 포커게임이 두뇌스포츠로 인정받아 매년 세계적인 규모의 포커대회가 대성황을 이루며 열리고 있다. 또한 이러한 포커대회 입상자들은 엄청난 부와 함께 헐리우드 스타와 같은 대접을 받고 있는 실정이다.

그중에서도 'WSOP World Series Of Poker', 'WPT World Poker Tour'와 같은 대회는 참가선수들 또한 정치인, 변호사, 의사, 프로 스포츠 구단주, 유명 운동선수, 헐리우드 스타, 호텔 사장, 사업가 등 사회 저명인사들이 즐비하다. 물론 이러한 사회 저명인사들이 좋은 성적을 내는 것은 쉽지 않아 대부분 예선에서 탈락하지만, 탈락한 후에는 "아쉽지만 다음에 다시 도전하겠다. 아주 즐거웠다"라며 환하게 웃는 모습으로 인터뷰를 하는 것을 보면 그들은 진정 포커게임을 도박이 아닌 훌륭한 두뇌스포츠로 여기고 있음을 알 수 있다.

특히 대회마다 심심치 않게 여성 갬블러들이 등장해 만만치 않은 실력을 과시하면서 포커가 남자들만의 게임이라는 통념도 무너진 지 오래다. 또한 60, 70대의 중후한 신사들이 노익장을 과시하며 젊은이들과 한데 어우러져 승부를 겨루는 모습도 멋지다.

남녀노소 상관없이 모두가 동등한 조건에서 실력을 겨룰 수 있다는 점은 포커게임이 가진 큰 매력임에 틀림없다.

이러한 포커게임의 인기를 반영하듯 미국 ESPN과 폭스스포츠 채널은 거의 매일 포커대회를 방송하고 있으며, 시청률은 카레이싱과 슈퍼볼에 이어 3위를 차지하고 있을 정도다. 포커게임이 도박이 아닌 두뇌스포츠로 인정받아 많은 스포트라이트를 받는 미국과 서구 여러 나라의 상황을 보며 필자는 항상 많은 부러움을 느낀다.

아직은 문화의 차이가 있기에 이러한 포커대회가 지금 당장 우리나라에서 열리기를 기대한다는 것은 어려운 일일 것이다. 하지만 언젠가 우리나라에서도 포커게임이 정당한 두뇌스포츠로 인정돼 이러한 멋진 포커대회가 열릴 수 있기를 기대해본다.

바둑이게임이란?

　　　　　바둑이게임은 세븐오디게임과는 진행 방법이 전혀 다르다. 상대방의 패를 한 장도 볼 수 없는 상황에서 베팅이나 커트, 상대의 사소한 행동 한 가지까지 모든 것을 종합하여 패를 읽고 예상해야 하는 바둑이게임은 세븐오디게임보다 훨씬 스피디하고 박진감 넘치는 게임이라 말할 수 있으며, 게임 운영이나 스타일 그리고 승부를 거는 방법 등 많은 점에서 세븐오디게임과 차이가 있다.

　세븐오디게임보다는 공갈이 좀더 많고 잘 통하기 때문에 베팅의 위력이 더 크고, 배짱이 더 필요하며, 실력 차이도 더 큰 게임이랄까……. 그러므로 고수들일수록 세븐오디게임보다는 바둑이게임을 훨씬 더 선호한다. 그래서 바둑이게임을 알고 나면 세븐오디게임을 멀리하게 된다는 말이 정설로 내려오고 있을 정도다.

　30여 년 전부터 우리나라에서 세븐오디게임과 함께 포커게임의 대명사로 자리 잡아온 바둑이게임은 스피디한 진행과 박진감 넘치는 스릴, 그리고 쉼 없이 터지는 공갈 등으로 최근 들어 포커 마니아들 사이에서는 세븐오디게임의 인기를 넘어서고 있다.

그 인기를 반영하듯 포커의 본고장인 미국, 그리고 미국에서도 포커의 메카로 확고부동한 위치를 차지하고 있는 라스베이거스의 벨라지오 Bellagio나 L. A.의 커머스 Commerce, 그리고 서구 여러 나라에서 우리나라의 바둑이게임이 많은 인기를 끌고 있으며, 실제로 게임 명칭도 한국어 발음 그대로인 'Badugi'로 표기하고 있다.

거의 평생을 포커와 함께 살아왔던 필자로서는 벨라지오나 커머스, 서구 여러 나라에서 'Badugi'라는 단어를 볼 때마다 자부심과 함께 큰 기쁨을 느낀다.

지구상에 현존하는 150여 가지의 포커게임 중 가장 공갈이 잘 통하고, 가장 스피디한 게임이라는 바둑이게임은 여러분들이 알고 있는 로우바둑이게임 이외에도 더 많은 종류가 있다.

1. 무늬를 어떻게 맞추느냐에 따라
   · 넌 플러시 바둑이(Non-Flush) : 네 장을 전부 다른 무늬로 맞추는 것
   · 플러시 바둑이(Flush) : 네 장을 전부 같은 무늬로 맞추는 것
   · 짝두기 : 무늬를 각각 두 장씩 맞추는 것

2. 패를 오픈하면서 하느냐, 아니냐에 따라
   · 오픈 바둑이 : 히든카드를 한 장 가지고 나머지 세 장을 바닥에 한 장씩 오픈하면서 하는 룰
   · 깜깜이바둑이 : 모든 카드를 손안에 감추고 하는 룰

3. 커트 횟수에 따라
   · 1타임(네 장을 받은 후 한 번 바꿀 수 있는 게임 : 베팅 룰을 풀베팅으로 하는 경우가 많음)

・2타임(네 장을 받은 후 두 번 바꿀 수 있는 게임 : 고수들의 게임에서 많이 사용)

・3타임(네 장을 받은 후 세 번 바꿀 수 있는 게임 : 가장 많이 사용)

・4타임(네 장을 받은 후 네 번 바꿀 수 있는 게임 : 거의 플러시 바둑이게임에서만 적용)

바둑이게임은 이처럼 여러 가지로 분류되며 또한 '하이바둑이', '페어바둑이', '바둑이 취팅', '바둑이 자격', '무스탕', '노 메이드 아웃', '안경 와일드' 등등 많은 특수한 종목이 있고, 또한 이 종목들 중 상당수가 하이로우게임으로도 이용된다.

그랬을 때 각각의 종목마다 특성을 가지고 있으므로 그 특성을 정확하게 파악해야 남들보다 좋은 실력을 갖출 수 있는 것은 너무도 당연하다.

여러분들이 로우바둑이라고 통칭하여 즐기고 있는 게임은 정확하게 표현하면,

'넌 플러시 깜깜이 로우바둑이 3타임'

이다. 몹시 어렵고 긴 이름이므로 잊어버리고 그냥 로우바둑이라고 생각해도 무방하다.

바둑이게임에는 이처럼 많은 종목이 있지만 이 책에서는 지면 관계상 전 세계의 포커 마니아들은 물론, 우리나라 사람들이 가장 많이 즐기고 있는 '넌 플러시 깜깜이 로우바둑이' 즉, 로우바둑이에 대한 모든 실전 이론들만 설명하도록 하겠다(바둑이 하이로우, 플러시 바둑이, 오픈 바둑이, 페어 바둑이 등 많이 즐기고 있는 종목들에 대해서는 '포커상식8. 여러 가지 바둑이게임 소개' 편에서 족보와 룰, 게임 방식 등을 간략히 소개하니 참고하기 바란다).

나머지 다른 종목들에 대해서는 자세한 설명을 드리지 못해 유감스럽

지만, 앞으로 온오프라인을 통해 여러분의 궁금증을 모두 풀어드릴 것을 약속한다.

로우바둑이게임에서 고수라는 말을 들을 정도가 되려면, 상대의 패를 한 장도 볼 수 없는 상태에서 단지 베팅과 그 외의 여러 가지 상황만으로 상대의 패를 예상할 때 그 적중도가 적어도 70~80% 정도는 되어야 한다. 특히 초일류라는 소리를 듣는 전문가라면 90%를 상회하는 적중률을 가지고 있다고 해도 과언이 아니다.

초보자들이라면 지금 당장은 이해하기 어려운 이야기일지도 모르겠으나 그런 분들도 이 책을 읽고 나서 로우바둑이게임의 어느 정도 수준에 오르게 된다면 위의 말을 충분히 이해하게 되고, 또 여러분 스스로도 그러한 수준의 고수가 될 수 있으리라 확신한다.

로우바둑이게임은 보통 1타임, 2타임, 3타임의 세 가지 종류가 있지만 일반적으로 거의 3타임을 즐기는 상황이고, 또한 거의 대부분의 경우 다섯 명이나 여섯 명의 게임으로 진행되고 있으므로 이 책에서의 모든 설명은 3타임과, 다섯 또는 여섯명의 게임을 기준으로 하는 것임을 밝혀둔다.

로우바둑이게임은 진행 방법이나 스타일로 판단할 때 굉장히 간단하고 쉬운 게임처럼 느껴질지도 모른다. 하지만 실제로는 세븐오디게임보다 훨씬 고도의 기술을 필요로 한다는 사실을 명심해야 한다. 처음에 배울 때는 세븐오디게임보다 훨씬 더 쉽게 적응할 수 있지만, 고수가 되기 위한 과정은 더 어렵다는 의미다.

그렇기에 여러분들은 이제부터 로우바둑이게임의 노하우를 한 가지 한 가지씩 터득해가면서 고수의 길로 가려고 노력해야 할 것이다.

초급편

초급편

이제 초급편이다. 초급편이라고 해서 자칫 실전에서 큰 도움이 안 된다고 생각하는 분들이 있을지도 모르겠으나 그것은 아주 잘못된 생각이다.

초급편만 확실하게 이해하고 받아들일 수 있어도 로우바둑이게임의 모든 기본 원리에 대해 어느 정도 이해할 수 있음은 물론 실전에서의 성적도 눈에 띄게 향상될 것을 약속한다. 그리고 오히려 처음부터 로우바둑이게임의 맥을 잘못 이해하고 게임을 해온 사람들과 비교했을 때, 그들의 로우바둑이게임 경력이 2~3년이 되었다 하더라도 실전에서 여러분이 결코 뒤떨어지지 않을 수 있다고 감히 장담한다. 좋지 않은 운영 방법을 마치 정석인 것으로 착각하여 이미 몸에 배어 있을 경우에는 그 습관을 고치는 것이 쉽지 않은 일이기 때문이다.

모쪼록 지금의 이야기들을 여러분의 것으로 만들고, 뒤에 나오는 중급, 고급의 이론들도 모두 잘 받아들여서 하루빨리 하수의 설움에서 벗어날 수 있기를, 더 나아가 대한민국 어디를 가든 자신감을 가지고 큰소리칠 수 있는 고수가 될 수 있기를 기원한다.

  초급편에서는 초이스의 기본, 베팅의 요령, 공갈의 정석, 게임 운영법 등으로 나누어 상세히 설명하니 주의를 기울여 잘 이해하기 바란다.

  그리고 이 초급편 이론을 읽기 전에 먼저 '포커상식3. 로우바둑이게임과 세븐오디게임의 족보 비교'편으로 가서 로우바둑이게임에서 6탑, 7탑, 8탑, 9탑 등의 족보가 실전에서 어느 정도의 위력과 승산이 있는지를 세븐오디게임에서의 족보와 비교하여 알아보기 바란다.

  로우바둑이게임을 하면서 자신이 가지고 있는 족보의 위력이 어느 정도인지를 정확하게 파악한다는 것은 너무나 중요하고, 또 중요한 기본 의무다. 자신이 가지고 있는 패의 위력이 투 페어 정도인지, 스트레이트 정도인지, 아니면 플러시나 풀하우스 정도인지를 확실하게 알고 있어야 그때까지의 진행 상황을 보고,

  "지금은 어려운 승부구나."

  "이 판은 무조건 내가 이긴 거야."

  "아슬아슬한 승부네……."

라는 식으로 승부를 할지, 포기해야 할지 소신 있는 판단을 내릴 수 있기 때문이다.

1장 초이스의 기본

로우바둑이게임을 하면서 아주 흔히 볼 수 있는 초이스 방법의 한 가지인 '처음에는 7을 가지고 가야 하며, 8은 버려야 한다'라는 식의 고정관념은 대단히 잘못된 생각이다.

플레이어의 수가 몇 명인가? 여러분의 베팅 위치가 어디인가? 현재 따고 있어서 타이트하게 게임 운영을 하고 싶은가? 아니면 잃고 있기에 승부를 걸고 싶은가? 상대방의 스타일은 어떤가? 자금 상황은 어떤가? 등등 여러 가지 요인에 의해 초이스의 기준이 변해야 하기 때문이다.

로우바둑이게임에서 초이스의 중요성은 세븐오디게임에서보다 훨씬 더 강조된다. 세븐오디게임의 일곱 장보다 세 장이 적은 네 장을 가지고 하는 게임이기에 한 장의 카드가 가지고 있는 위력이 그만큼 크기 때문이다. 이것은 카드 한 장의 초이스에 따라 게임의 판도가 엄청나게 달라진다는 뜻이기도 하다.

따라서 로우바둑이게임에서 올바른 초이스 요령을 이해하는 것은 세븐오디게임에서보다 더 큰 의미를 가지고 있다고 봐야 한다. 그러면 로우바둑이게임에서의 초이스 요령은 어떤 것들이 있는지, 지금부터 한 가지씩 알아보도록 하자.

1. 사람 수와 베팅 위치에 따라 초이스가 달라져야 한다

간단하게 설명하면, 같이 게임하는 사람의 수가 많을수록 그리고 베팅 위치가 앞일수록 승부할 수 있는 족보가 '8에서 7, 7에서 6'으로 변해야 한다. 앞에서도 언급했듯이 그 기준을 숫자로 표시하기는 조금 무리가 따르는 것이 사실이지만, 기본적으로는 아래의 표에 나타난 정도라고 생각해도 좋다.

	3포	4포	5~6포
베팅 위치가 아주 좋을 경우	8~9	8	7~8
베팅 위치가 보통일 경우	8	7~8	6~7
베팅 위치가 아주 나쁠 경우	8	7	6

▲ 위의 표에 나타난 숫자는 추라이가 완성되는 숫자를 의미한다. 즉, 9는 9추라이를, 8은 8추라이를 의미하는 것으로, 아침커트에 한 장을 바꾸는 상황일 때 가지고 갈 수 있는 숫자를 의미한다. 따라서 아침커트에 두 장 이상을 바꿀 때는 위의 표에 나타난 숫자를 생각해서는 안 된다.

위의 표에 나타나 있듯이 베팅 위치가 좋고, 사람 수가 적을수록 아주 좋은 카드를 만들려고 노력할 필요가 적어진다. 즉, 사람 수가 많거나 베팅 위치가 나쁠수록 처음부터 추라이를 깊게(좋게) 가지고 가고, 사람 수가 적거나 베팅 위치가 좋을 때는 상황에 따라 승부가 될 수 있는 추라이를 선택해야 한다는 것이다. 여기서 베팅 위치가 나쁘다, 좋다 하는 것은 한마디로 표현하여 베팅 위치가 앞쪽일수록 나쁘고, 뒤쪽으로 갈수록 좋아진다는 의미다. 따라서 딜러는 항상 가장 좋은 베팅 위치가

바둑이 알면 이길 수 있다

된다.

이처럼 사람 수와 베팅 위치에 따라 초이스가 바뀌어야 한다는 것은 로우바둑이게임의 기본이자 반드시 지키고 몸에 익혀야 할 철칙이다. 그렇다고 해서 언제든지 앞의 표를 따라야 한다는 것은 결코 아니다. 단지 로우바둑이게임의 초급자들이 알아둬야 할 가장 보편적인 초이스의 기준이라 생각하면 된다.

그리고 나서의 선택은 여러분의 몫이다. 즉, 그때그때의 모든 상황과 분위기에 따라 얼마든지 초이스의 기준은 달라질 수 있으며 또 달라져야 하기 때문이다.

이 부분에 대한 좀더 자세한 설명은 뒤에서 계속 나오니 참고하기 바란다.

2. 좋은 추라이만을 고집하지 마라

로우바둑이게임을 할 때, 하수들일수록 좋은 카드를 만들려고 애를 쓴다. 그래서 항상 무리한 커트를 하며 아주 좋은 추라이를 가지고 가려고 한다. 그러다 보니 한 장만 바꾸고 메이드를 만들어 승부해볼 수도 있는 상황에서 여러 장을 바꾸는 경우가 많다. 그러나 좋은 추라이를 고집한다는 것은 메이드를 만들기가 그에 비례하여 힘들어지는 것을 의미한다.

좋은 추라이를 고집한다는 것은 그렇지 않은 상대방과 비교할 때 처음부터 카드를 바꾸는 숫자가 많을 수밖에 없으며, 그것은 또 그만큼 상대방보다 먼저 메이드를 만들기가 어려워진다는 이야기로 이어진다.

　그러나 아무리 좋은 추라이를 가지고 있어도 메이드집에게는 승산이 훨씬 떨어진다는 너무도 평범한 사실을 잊어서는 안 된다(물론 상황에 따라 아주 좋은 추라이를 노리고 가야 할 때도 있다. 이 부분에 대해서는 뒤에서 자세히 설명해드리도록 하겠다).

　로우바둑이 3타임의 게임에서 카드를 바꿀 기회는 총 세 번이 주어진다. 결국 카드를 세 번 바꾸는 동안 메이드를 만들어야 하며, 상대방이 미리 스테이를 했다면 마지막 세 번째 커트 찬스는 베팅의 부담 정도에 따라 포기해야 하는 경우가 많다고 봐야 한다.

　그렇다면 이와 같은 경우에는 카드를 바꿀 찬스가 두 번밖에 없다는 결론이 되며, 실제로 두 번 안에 좋은 카드를 만들기란 매우 어려운 일이다.

· 아침커트에 두 장을 바꿔서 점심때까지 4탑~9탑까지를 만들 확률 :
0.1181(약 12%)
· 아침커트에 한 장을 바꿔서 점심때까지 4탑~9탑까지를 만들 확률 :
0.2367(약 24%)

　그 가능성을 수치로 비교해보면, 이처럼 아침커트에 두 장을 바꾸는 것과 한 장을 바꾸는 것은 거의 두 배에 가까운 차이가 난다. 그렇기에 로우바둑이게임은 너무 좋은 추라이만을 고집하는 것보다, 상황에 따라 상대방보다 먼저 메이드를 시킬 수 있는 요령을 습득하는 것이 바로 승리로 가는 지름길이라는 사실을 명심해야 한다.

3. ㉮ 따고 있을 때의 초이스 방법, ㉯ 잃고 있을 때의 초이스 방법

㉮의 경우는 기본적으로 게임 도중에 자신이 어느 정도 이상의 돈을 따고 있어서 더 이상 크게 욕심을 부리고 싶지 않은 상황에서 게임의 나머지 시간을 안전하게 운영하고 싶을 때의 초이스 방법을 의미한다(그렇기에 '오늘은 카드가 되는 날이구나, 오늘 같은 날 승부를 걸어야지'라고 생각한다면 ㉮의 초이스 방법을 따를 필요는 없다).

㉮와 같은 상황에서는 평소에 자신이 추라이하던 스타일에서 한 칸 또는 두 칸까지도 좋은 쪽으로 추라이를 시도하여, 초반에 메이드를 성공하지 못하면 미련 없이 카드를 꺾는 운영을 하라는 것이다. 이것은 어찌 생각하기에는 지나치게 소극적인 방법이라고 느껴질지 모른다. 하지만 게임 시간이 얼마 남지 않은 상태에서 어느 정도 이상의 돈을 따고 있는 경우에는 잃고 있는 상대 쪽에서 급박한 승부를 걸어올 가능성이 많다. 따라서 그것에 응수하여 실패할 경우에는 잘못하면 지금껏 공들여 쌓아놓았던 것들이 한두 판으로 모두 사라져버릴 위험이 크기 때문이다. 그래서 이와 같은 상황에서는 조금 뒤로 물러설 줄 아는 요령도 알고 있으라는 것이다.

㉯의 경우는 ㉮와 거의 반대의 상황이라고 보면 되겠지만, 아무리 잃고 있는 상태에서 시간이 조금밖에 남지 않아 빨리 승부하고 싶더라도 절대로 자신이 불리한 상황에서 무리한 승부를 거는 것은 금물이다.

그런데 많은 사람이 돈을 잃고 있을 때는 급한 마음에 무리한 승부를 자초하고 있으니 안타까운 일이다.

자신이 크게 불리하지 않은 상황에서 큰 승부를 만들기 위해 판을 키우는 것은 충분히 가능한 운영이다. 하지만 불리한 것이 뻔한 상황에서 자포자기식의 승부를 거는 것은 백해무익하다는 것을 명심해야 한다.

그렇기에 ㉮와 같은 경우의 초이스 요령은 평상시의 경우와 거의 비슷한 정도가 정석이지만, 한 칸 정도 좋지 않은 카드라도 가지고 가서 가능한 빨리 메이드를 만들어 승부를 거는 것도 유력한 방법이 될 수 있다. 물론 ㉮의 경우에도 '아, 오늘은 카드가 안되는 날이구나. 오늘 같은 날은 적게 잃고, 빨리 일어서는 것이 최선'이라고 느끼고는 게임이 끝날 때까지 자신의 평소 스타일을 유지하며 침착하게 대응한다면 그것은 아주 바람직한 현상이며 최고의 선택이다. 그리고 그러한 감정 조절을 할 수 있다면 머지않아 상당한 고수의 수준에까지 오를 수 있는 사람이라고 장담한다.

4. 메이드를 노릴 것이냐, 추라이를 노릴 것이냐

로우바둑이게임을 하게 되면 매 순간마다,
'초이스를 어떻게 할 것인가?'
'베팅이나 레이즈를 할 것인가? 말 것인가?'
'콜을 할 것인가, 죽을 것인가?'
'공갈을 시도할 것인가? 말 것인가?'
'상대의 패를 확인할 것인가? 말 것인가?'
등등 끊임없는 선택의 연속일 수밖에 없다.

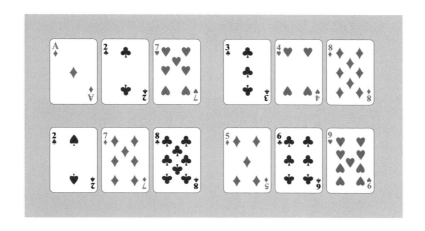

♠ 2컷 메이드는 하늘이 주는 행운이다

"탑이냐, 2컷이냐, 3컷이냐, 박스(네 장)냐."

처음에 패를 받았을 때 선택의 기준에 서서 고민을 하게 되는 경우가 생각보다 자주 발생한다. 앞에서도 언급했듯이 로우바둑이게임에서의 초이스는 베팅 위치, 플레이어의 수, 자금 상황, 상대들의 스타일, 그 순간의 흐름, 당사자의 게임 운영 스타일 등등 너무나 많은 요소를 종합해서 결정하는 부분이기 때문에 '이게 정석이다'라고 한두 마디로 단언하기가 너무도 어렵다. 하지만 아무리 어려워도 우리는 그 방법을 찾아야 한다.

그랬을 때 처음 카드를 받았을 때의 초이스를 '메이드를 노릴 것이냐, 추라이를 노릴 것이냐?' 이 두 가지 중 하나를 선택하여 결정하라는 것이다.

좀 황당한 이야기처럼 들릴 수도 있겠지만 그 의미는 메이드를 노릴 때는 탑(한 장)으로 가고, 2컷 이상을 할 때는 메이드를 머릿속에서 지워버리고 추라이를 만들러가는 것으로 생각하라는 의미다.

다시 말해 2컷 이상을 할 때는 메이드(특히 괜찮은 족보의 메이드)는 하늘이 주는 행운이라고 생각하는 마음가짐으로 일단 추라이를 만들고, 메이드는 그다음 커트에서 시도한다는 편안한 기분으로 게임에 임하라는 것이다.

· 아침 2컷에서 4탑~8탑까지 메이드를 만들 확률 : 0.0266(≒2.7%)

아침 2컷에 바로 8탑까지 메이드가 될 확률은 이처럼 낮다. 하지만 메이드가 되었을 때의 열매가 너무도 달콤하기에 많은 사람이 유혹에 빠지기 쉽다. 그랬을 때 '이번에 추라이를 건지고, 다음번에 메이드를 만들자'라는 작전을 세우면,

'이번에 받고 다음번에 또 받으려면 부담이 너무 크네……, 포기하자.'

'이번에 추라이를 건지고 다음에 또 받아도 큰 부담은 없네.'

라는 식으로 여러분의 플레이를 결정하기가 훨씬 쉬워지고 자금 운영이 안정될 수 있다. 쉽게 말해 상대가 패턴스테이일지라도(2컷에서 바로 메이드가 된다는 생각은 아예 버리고) 2컷 이상으로 들어가는 금액 자체가 만만치 않으면, 일단 추라이를 만든 후 그 다음을 또 받아야 한다는 큰 부담이 따르므로 포기하라는 것이다.

2컷 이상을 해서 A-2-4, A-2-5 등 좋은 추라이를 만들면, 그때는 상대가 이미 스테이를 하고 있더라도 또 따라가고 싶은 마음이 생길 수밖에 없기 때문에 그러한 욕심을 애초부터 가지지 말라는 이야기다.

♠ 추라이를 노릴 때는 최대한 깊게 가라

여러분이 처음에 패를 받았을 때 첫 번째 커트에서 메이드를 노리겠다고 결정했다면 이때는 8추라이, 9추라이도 좋으니까 탑(한 장)을 바꿔 승부하면 된다(단, 이때는 아침에 안 맞으면 승부를 포기해야 한다).

그리고 첫 번째 커트에서 추라이를 만드는 것으로 결정을 했다면 이때는 2컷이든 3컷이든 박스(네 장)든 최대한 좋은 추라이를 만들어 승부할 수 있는 쪽의 초이스를 해야 한다.

그렇다면 최대한 좋은 추라이를 만든다는 것은 어느 정도를 의미하는 것일까?

일례로 필자가 아는 로우바둑이게임의 일류 전문가는 아침커트에서는 A-6을 가지고 있을 때, 2컷을 하지 않고 6도 커트하고 3컷으로 간다고 한다. 어차피 메이드를 생각하지 않고 추라이를 생각한다면 6은 좋은 카드가 아니라는 것이다. 그리고는 "나는 아침에 박스를 할 때는 5도 안 가지고 가"라고 큰소리친다.

아침에 5를 가지고 가며 3컷을 할 바에는 차라리 박스를 하겠다는 뜻인데, 이 말은 5 역시도 추라이만을 생각했을 때는 크게 강력한 힘을 발휘하지 못하는 숫자라는 의미다.

추라이로 승부가 되려면 4 이하는 되어야 한다는 이야기다. 즉, 추라이로 갈 때는 최대한 깊게 가라는 뜻이다. 그리고는 "힘도 못 쓰는 카드를 처음부터 뭐하러 가지고 다녀? 한 장 더 받는다고 돈이 더 드는 것도 아닌데, 다음 패를 받아보고 시원찮으면 바로 죽으면 되잖아"라고 강력하게 주장한다.

아침에는 5도 버릴 수 있다는 그의 주장에 대해 필자는 무조건 올바른 운영이라고 말하지는 않겠다. 하지만 나름의 매력을 가지고 있는 초이스 방법이라고 느낀다.

여러분은 어떻게 생각하시는지? 이 방법의 옳고 그름을 떠나 장안의 일류 실력자로 유명한 사람이 하는 이야기니 만큼 한 번쯤 음미해볼 필요는 있으리라.

지금의 이야기를 참고삼아 여러분들도 탑을 바꿔 메이드를 노리는 상황이 아니라면 6, 7 등의 숫자를 아까워하지 말고 자신 있게 커트하는 방법을 익혀보는 것도 또 한 가지 초이스 방법이 될 수 있다는 사실을 명심하기 바란다.

그럼 지금의 이야기가 의미하는 것을 예를 들어 알아보도록 하자.

보기1)

지금과 같은 상황에서의 초이스는 로우바둑이게임의 모든 초이스에 적용되는 이론이 함축되어 있으므로 여러분들은 반드시 이 문제가 주는 교훈을 마음속에 새겨두어야 한다.

a. ◆5, ♣6, ♠8을 가지고 한 장을 바꾸는 방법

한 장을 바꿔 바로 메이드를 노릴 수 있으며 메이드의 가능성도 충분하다. 그리고 8탑으로 맞출 수 있다면 특별한 상황이 아닌 한 승부할 수 있는 족보다. 한 장을 바꾸므로 상대에게 강한 모습을 보인다. 추라이로는 어차피 승부가 불가능한 상황이다.

단, 이때 유념해야 할 사항은 아침커트에 메이드가 안 되면 점심때는 특별한 경우가 아니라면 승부를 포기하는 것이 올바른 운영이라는 점이다.

b. ◆5, ♣6을 가지고 두 장을 바꾸는 방법

최선의 카드가 들어올 경우 바로 6탑을 기대할 수도 있지만, 두 장을 바꿔야 하므로 일단 메이드를 만들 가능성이 훨씬 떨어진다. 두 장을 바꾸므로 상대에게 강한 모습을 보이기 어렵다. 메이드를 완성시키지 못하는 한 A, 2, 3, 4 등의 낮은 카드를 한 장 뜨더라도 추라이로는 승부가 어려운 상황이다. 물론 첫 번째 커트에서 낮은 숫자 한 장을 떠서 추라이를 만들고 다음번 커트에서 좋은 족보를 만들 가능성은 있다.

c. ◆5를 가지고 세 장을 바꾸는 방법

추라이를 노리는 운영으로 가면서 5라는 숫자의 가치를 높게 인정하는 초이스 방법이다. 즉, 추라이만을 놓고 본다면 5도 아주 큰 힘을 쓰는 카드라고 할 수는 없지만, 메이드가 된다든지 또는 추라이 자체로도 5는 여러 가지 매력을 가지고 있는 숫자라는 것을 감안한 초이스 방법이다.

d. 네 장을 다 바꾸는 방법

c와 비교했을 때 약간은 극단적인 면도 있지만 나름대로의 장점도 있는 초이스 방법이다. 특히, 게임이 잘 안 풀리고 있어 분위기를 바꿔보고 싶은 기분이 드는 그런 경우라면 가끔 한 번씩 시도해볼 만한 방법이다. 네 장을 바꾼 후 마음에 들지 않으면 바로 기권하면 된다.

위의 비교를 보면 알 수 있듯이 네 가지 방법이 모두 각각의 특징을 가지고 있다. 하지만 여러 가지 면을 감안했을 때 지금과 같은 상황에서는 필자라면 무조건 a의 방법을 선택하겠다. 그다음으로는 d, b, c의 순서라고 하겠다.

그럼, 다음 그림을 보자.

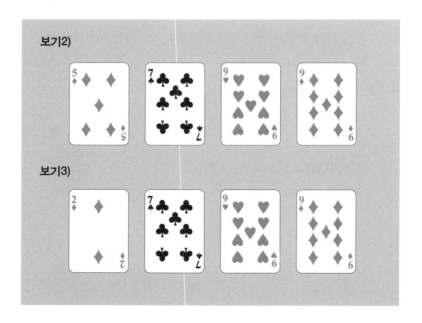

지금과 같은 상황에서는 어떤 선택을 해야 할까?

보기2)에서는 1~4장 어떤 선택을 해도 좋다. 하지만 지금 이 순간부터 여러분은 보기3)에서는 한 장을 바꿔 9탑을 노리든지, 아니면 세 장을 바꾸는 운영을 해야 한다.

지금의 이야기에 대해 의구심을 가질 분들이 계실지 모르겠지만, 지금 이 부분에 대해서는 바로 뒤에 나오는 '7을 가지고 가는 2컷은 없다' 단락에서 상세하게 설명하도록 하겠다.

5. 7을 가지고 가는 2컷은 없다

7추라이.

누구라도 탑(한 장)을 바꿔 메이드를 노리는 카드임에 틀림없다. 물론 아침에 A-2-7, A-3-7, 2-3-7 등의 경우라면 상황과 베팅 위치에 따라 2컷을 하는 고수들도 있겠지만…….

어찌 됐든 아무리 고수라고 하더라도 탑을 하는 경우가 대부분임에는 분명하다. 그만큼 로우바둑이게임에서 7이라는 숫자는 많은 매력을 가지고 있다.

그렇다면 아침커트에서 한 장을 바꾸는 것이 아니고 두 장을 바꿀 때도 7을 가지고 가야 할까?

아니다. 7을 가지고 가면서 2컷을 하는 경우라면 A-7, 2-7, 3-7, 4-7, 5-7, 6-7 이 여섯 가지 경우인데, 이때라면 상황이 많이 달라진다.

♠ 2컷은 추라이를 만들려는 운영

앞의 '메이드를 노릴 것이냐, 추라이를 노릴 것이냐' 단락에서도 이미 설명했듯이 2컷을 하는 것은 일단 추라이를 만들려고 하는 운영임을 감안할 때, 7추라이를 노리는 운영을 해서는 절대 안 된다. 그렇기에 로우 바둑이게임을 하는 한 여러분의 머릿속에 '7을 가지고 가는 2컷은 없다' 고 강하게 입력해 두어야 한다. 처음부터 3컷을 하여 더 좋은 추라이를 노려보고 안 되면 바로 기권하면 된다는 말이다.

단 한 가지 여러분이 조금 염두에 두어야 할 부분은 조금 전의 보기에서 A-7, 2-7, 3-7, 4-7과 같은 경우에는 7을 버리고 3컷을 해야 하지만, 5-7과 6-7의 경우에는 약간 달라진다는 점이다. 5-7과 6-7에서 7까지 버리고 3컷을 한다는 것은, 5나 6 중 한 장을 가지고 3컷을 한다는 뜻인데 5와 6은 추라이만을 생각할 때는 그다지 큰 매력이 없는 숫자로 봐야 한다.

그래서 이와 같은 경우라면 어차피 아주 좋은 추라이는 어렵다는 판단을 하고 5-7, 6-7 등을 가지고 2컷을 하여 조금이라도 메이드 쪽의 가능성에 기대를 가지는 플레이를 해볼 수도 있다. 물론 그렇다고 해서 5-7, 6-7을 2컷을 하는 카드라고 말하는 것은 아니다. 단지 2컷을 할 수도 있는 카드라는 의미일 뿐이다.

필자라면 보통의 경우에는 5-7은 2컷으로 가든, 아니면 네 장을 모두 바꾸든 상황에 따라 둘 중 한 가지 방법을 선택하겠다. 그리고 6-7의 경우에는 네 장을 모두 바꾸는 플레이를 하겠다. 그렇지만 이것은 필자의 생각이고, 만약 5-7에서도 7을 버리고 3컷으로 간다든지 6-7에서도 6, 7을 다 가지고 2컷으로 간다하여 무조건 잘못된 방법이라고 말하지는 않겠다.

그러한 부분은 어차피 여러분 자신이 그때그때의 상황과 분위기 등을 잘 감안하여 결정해야 할 고유의 권한이자 의무이기 때문이다. 그랬을 때 4-7 역시도 5-7과 약간 비슷한 부분을 가지고 있으므로 이에 대한 판단 역시 여러분에게 맡기겠다.

♠ 아침에 7을 가지고 반드시 2컷을 해야 할 때

그렇다면 아침커트에 7을 가지고 가면서 2컷을 해야 하는 특별한 경우란 어떤 상황을 말하는 것일까? 그것은 앞에서 상대 중 누군가가 패턴스테이를 했을 경우다. 이때라면 7을 가지고 가면서 2컷을 하는 것이 아주 유력한 운영이 된다.

상대가 패턴스테이라면 일단 아주 좋은 족보로 맞아 있을 확률이 떨어진다는 가정하에, 이때는 7이 버리기 아까운 숫자가 되기 때문이다. 다시 말해 상대가 패턴스테이를 했다면 그 상황에서는 여러분이 가지고 있는 7은 A~6까지의 숫자와 별반 위력의 차이가 나지 않는 좋은 숫자가 된다는 의미다.

즉, 패턴스테이를 상대로는 여러분이 7탑만 맞추어도 충분히 승부가 될 수 있는 상황이기에 이 같은 경우라면 7이라는 숫자를 소중히 해야 한다는 이야기다. 그래서 이런 때는 아침커트라도 얼마든지 7을 가지고 가며 2컷을 하는 플레이를 할 수 있다. 아니 오히려 그렇게 하는 것이 정석에 더 가까운 올바른 초이스 방법이다.

하지만 이와 같은 특별한 케이스가 아니라면 로우바둑이게임에서 여러분의 만수무강을 위해서는 '7을 가지고 가는 2컷은 없다'라는 말을 깊이깊이 명심해야 한다.

6. 2컷 메이드는 하늘이 주는 행운이다

"아니 어떻게 저기서 탑을 따고 따라가?"

"저기서 저 카드로 어떻게 콜을 해?"

"저 사람은 돈을 잃어주기 위해서 플레이를 하는 것 같네."

"아니 이 상황에서 어떻게 7탑으로 빠꾸를 날려?"

로우바둑이게임을 하다 보면 이해할 수 없는 플레이를 하는 사람들이 너무도 많다. 물론 그 사람들이 돈이 많아서, 또는 돈을 일부러 잃어주기 위해서 게임을 하는 것은 절대 아니다. 모두가 나름대로는 이기려고 최선을 다하는 것이 분명하다. 그런데도 이해 못할 황당한 플레이가 나온다는 것은 바로 실력 부족이라는 것 외에는 아무런 이유가 없다.

대한민국 어느 곳의 로우바둑이게임장을 가보아도 하수들에게서 나오는 황당한 플레이는 상상을 초월한다. 그런데 그중에서도 두드러지게 많이 나타나는 현상은 바로 2컷을 하면서 바로 메이드를 노리는 운영이다.

그러면 이러한 현상은 어디에서 나타나느냐? 바로 패턴스테이집을 상대로 점심에 따라 간 후 2컷을 하는 식이다. 이 부분에 대해 많은 사람들이,

"나는 2컷으로 메이드를 만들려고 따라간 게 아니다. 2컷으로 메이드가 된다면 당연히 최고의 시나리오지만, 메이드가 안 되더라도 일단 추라이를 건지고 그다음에 메이드를 만들려는 거다. 상대가 패턴스테이집

이니까 어느 정도만 떠도 승부가 되지 않겠는가?"

라는 식으로 항변한다. 하지만 이러한 생각을 가지고 있다면 이것은 오히려 2컷으로 메이드를 바로 만들겠다는 생각보다 더 안 좋은 현상이다.

아무리 상대가 패턴스테이라도 점심에 2컷을 하여 안 맞더라도 추라이만 건지면 또 저녁까지 뜨러 따라가겠다는 것인데, 이러한 운영이야말로 로우바둑이게임에서 해서는 안 되는 플레이 중 제1장 1절 '마지막 커트에 스테이집을 상대로 뜨러 가지 마라'라는 이론을 점심때부터 무시하고 가는 것이기 때문이다. 아니 무시하는 것이 아니라 오히려 로우바둑이게임에서 가장 해서는 안 된다는 바로 그 플레이를 하기 위해서 점심때부터 계획을 세운 것이나 마찬가지다. 따라서 이러한 운영은 정말로 돈을 잃어주기 위해서가 아니라면 절대로 해서는 안 되는 플레이다.

♠ 점심때 2컷을 해서 바로 메이드가 될 확률

그렇다면 점심때 2컷을 해서 바로 메이드가 될 확률은 어느 정도나 될까?

예를 들어 ◆A, ♣2를 가지고 2컷을 했을 때,

· 10탑까지 메이드가 될 확률 : 약 1/20(≒5%)
· 9탑까지 메이드가 될 확률 : 약 1/25(≒4%)
· 8탑까지 메이드가 될 확률 : 약 1/33(≒3%)
· 7탑까지 메이드가 될 확률 : 약 1/50(≒2%)

정도의 확률이다(포커상식 5. 로우바둑이 3타임에서 각각의 족보를 잡을 확률 참고).

물론 로우바둑이게임이 확률대로만 결과가 나오는 것은 결코 아니다. 2컷에서도 얼마든지 5탑, 6탑 같은 환상적인 카드가 만들어질 수도 있다. 하지만 그것은 말 그대로 가능성이고 아주 가끔씩 하늘에서 내려주는 행운일 뿐, 그러한 기대를 가지고 게임에 임해서는 절대 안 된다.

앞서 언급한대로 로우바둑이게임에서는 2컷 이상은 무조건 추라이를 노리는 카드라는 생각을 가지고 있어야 한다.

상대가 패턴스테이일 경우를 예로 들었지만, 상대가 패턴스테이가 아니더라도 아침커트 후의 베팅 상황에서 '저건 스테이구나'라고 느껴지는 경우는 얼마든지 있다. 그래서 이러한 경우에도 절대로 2컷을 가지고 따라가는 그런 어리석은 플레이를 해서는 안 된다.

'2컷은 메이드를 만들러 가는 카드가 아니다'라는 생각을 확실하게 가지고 있으면 상대가 스테이를 하고 있거나, 베팅 상황상 스테이를 할 거라고 느껴질 때는 2컷을 하며 승부하는 것이 지나친 무리임을 쉽게 깨달을 수 있다. 그러면서 한 단계 한 단계 고수의 길로 접어드는 것이다.

로우바둑이게임 게임 진행 방법

게임 진행 방법

① 모든 플레이어에게 네 장씩의 카드를 나눠준다
② 아침커트 전(첫 번째) 베팅
③ 아침(첫 번째) 커트
④ 아침(두 번째) 베팅
⑤ 점심(두 번째) 커트
⑥ 점심(세 번째) 베팅
⑦ 저녁(세 번째, 마지막)커트
⑧ 저녁(네 번째, 마지막)베팅
⑨ 승자 결정

- ①에서 카드를 나눠줄 때 딜러 좌측에 있는 사람부터 시계방향으로 돌아가며 차례로 한 장씩 계속 나눠 네 장씩 준다(본인만 알 수 있도록 뒤집어서 나눠준다).

- ③, ⑤, ⑦에서 각 플레이어가 커트하고 나서 카드를 나눠줄 때는 딜러 좌측에 있는 사람부터 시계방향으로 돌아가며 차례로 원하는 장수만큼 한 명씩 나눠준다.

- ③, ⑤, ⑦에서 각 플레이어는 카드를 바꿀 때 본인의 의사에 따라 언제든 1~4장의 카드를 바꿀 수 있다(간혹은 바꾸는 카드 장수를 ③-세 장, ⑤-두 장, ⑦-한 장으로 제한하는 룰을 사용하는 곳도 있다. 이 룰을 '3-2-1(쓰리 투원)'이라고 부른다).

- ③, ⑤, ⑦에서 각 플레이어는 카드를 바꾸고 싶지 않을 때는 언제든 스테이라 하여 자신의 의사를 밝히면 된다.

- ②, ④, ⑥, ⑧에서 베팅을 할 때 순서는 딜러 좌측에 있는 사람부터 시계방향으로 돌아가며 진행된다.

- ②, ④, ⑥, ⑧에서 베팅을 할 때 이길 자신이 없으면 언제든 기권할 수 있다. 또한 베팅이나 레이즈를 하는 것도 본인의 의사대로 할 수 있다.

- ②, ④, ⑥, ⑧에서 죽거나, 콜, 베팅, 레이즈 등의 선택은 반드시 자신의 순서가 되었을 때 결정해야 한다(죽거나 레이즈 등의 의사 표시를 미리 하면 안 된다).

• ②, ④, ⑥, ⑧에서 베팅 도중 돈이 부족할 경우에는 올인을 선언하고 그때까지 들어간 돈의 부분에 대해서만 권리를 가지게 된다.

• ②, ④, ⑥에서 베팅을 할 때, 스테이를 하고 있는 플레이어가 없을 때는 '삥'을 할 수 없다.

• ⑧에서는 스테이를 하고 있는 플레이어가 없어도 '삥'을 할 수 있다.

• ⑨번으로 가기 전에 모든 플레이어가 기권하게 되면 마지막 남은 플레이어가 자동 승자가 된다.

• ⑨번에서 똑같은 족보일 경우 무늬를 따지지 않고 무승부로 처리한다.

• ⑨번에서 메이드를 완성한 사람이 없을 경우에는 세 장씩(베이스, 추라이 등으로 표현)을 비교하여 승부를 가리고, 세 장마저 같을 때는 무승부로 처리한다.

• 거의 하프베팅의 룰을 사용하며, 간혹은 풀베팅이나 리미트베팅 룰을 이용하기도 한다(미국에서는 리미트베팅 룰을 적용하고 있다).

• 체크-레이즈, 콜-레이즈는 인정되지 않는다.

• 한 테이블에서 플레이할 수 있는 최대 인원은 여섯 명이다(간혹은 일곱 명이 하는 경우도 있다).

Q1

당신은 이때 어떻게 하시겠습니까?

여섯 명의 게임이고 여러분의 베팅 위치는 뒤에서 두 번째다. 위와 같은
카드가 처음에 들어왔을 때 여러분은 어떤 선택을 하겠는가?

㉠ ◆2, 한 장만 가지고 세 장을 바꾼다.

㉡ ◆2-♣6, 두 장을 가지고 두 장을 바꾼다.

㉢ ◆2-♣6-♥8, 세 장을 가지고 한 장을 바꾼다.

〈답〉

지금과 같은 상황에서 가장 중요하게 고려해야 할 부분은 바로 베팅 위치다. 그랬을 때 지금은 좋은 베팅 위치라 할 수 있다. 그래서 지금과 같은 카드와 베팅 위치라면 한 장을 바꿔서 8탑을 노려 승부하는 운영을 할 줄 알아야한다.

그리고 이 부분에서 여러분이 알아야 할 또 한 가지 중요한 포인트는 2와 6을 가지고 가며 두 장을 바꿨을 때도 메이드를 만들지 못하면 어차피 승산이 희박한 상황이라는 점이다. 2와 6, 두 장을 가지고 두 장을 바꿨을 때, 메이드를 못 만들면 기대할 수 있는 추라이는 6인데, 어차피 6추라이로는 이기기 어렵다고 봐야 한다. 따라서 베팅 위치가 가장 앞쪽일 경우 2-6-8을 가지고 탑을 커트하는 것이 조금 불안하다면, 이때는 아예 2, 한 장만을 가지고 세 장을 바꾸는 방법도 생각해볼 수 있는 유력한 방법임을 알아두어야 한다.

하지만 지금의 문제에서는 베팅 위치가 좋기 때문에 한 장을 바꿔 바로 8탑을 기대하는 운영을 해야 한다. 단, 지금과 같은 상황에서 한 장을 바꿔 작전대로 메이드를 만들었는데 상대에게서 좋은 패가 나와 패배하게 되는 일이 자주 벌어지는 날이라면 이런 날은 처음부터 아예 두 장(또는 세 장)을 바꾸는 초이스를 하는 것도 효과적인 운영법이라고 할 수 있다.

다시 말해 한두 번 지는 것이야 얼마든지 있을 수 있는 일이고 당연한 일이라는 것이다. 하지만, 이러한 초이스를 선택하여 계속 지게 되는 현상이 되풀이된다면 일단 그날은 그러한 초이스 방법이 잘 안 먹히고 있는 것으로 봐야하기에 작전을 바꾸는 것이 필요하다는 의미다.

그러나 이러한 일은 게임이 아주 꼬이는 날 한 번 씩 벌어지는 드문 경우고, 올바른 운영법은 ⓒ임을 분명히 밝혀둔다.

또 한 가지 덧붙여서 말씀드리고 싶은 것은, 위와 같은 카드로 아침커트에 한 장을 바꿔 승부를 할 때는 아침커트에서 메이드가 되지 않으면 점심커트 때 부터는 무리하게 계속 승부하려는 생각을 가지지 말라는 점이다. 즉, 아침커트에 메이드가 되지 않으면 그 이후에는 상황을 보고 웬만하면 승부를 포기한 다는 가벼운 마음을 가지라는 것이다.

이 부분에 대한 자세한 설명은 초급편, 1장 초이스의 기본, '메이드를 노릴 것이냐, 추라이를 노릴 것이냐' 단락을 참고하기 바란다.

정답 : ⓒ

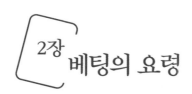

2장 베팅의 요령

베팅의 요령이야 말로 로우바둑이게임의 승패를 좌우하는 데 가장 큰 영향을 주는 기술이기에 반드시 숙지해야 할 중요한 부분이다.

어떠한 종류의 포커게임에서든 베팅이 차지하는 비중이 가장 중요하다고 해도 조금도 과장된 표현이 아니다. 특히 상대방의 패를 한 장도 볼 수 없는 상태에서 진행하는 로우바둑이게임에서의 베팅은(세븐오디게임이나 다른 포커게임에서보다) 게임에서 차지하는 비중이 훨씬 더 크다고 할 수 있다. 그렇기에 고수들일수록 세븐오디보다 로우바둑이를 선호하며, 하수들의 입장에서는 고수에게 이기기가 훨씬 더 힘든 게임이 로우바둑이다.

그러면 로우바둑이게임에서 그렇게도 중요한 베팅의 요령을 습득하려면 어떻게 해야 하는지, 이제부터 그 길을 가보기로 하자.

1. 아침커트 전, 추라이가 아주 좋을 때의 베팅 요령

처음에 받은 카드의 추라이가 엄청나게 좋을 때는(5 정도까지) 거의 대부분 아침커트 전에 바로 레이즈를 하면서 판을 크게 만들려고 할 것이다. 하지만 간혹 경우에 따라 레이즈를 하지 않고, 허허실실 전법 등의 다른 작전을 세울 수도 있다. 그렇기에 아주 좋은 추라이를 가지고 있을 때는 본인의 스타일에 따라 운영이 바뀔 수 있다고 하겠다.

그러면 처음에 아주 좋은 추라이가 들어왔을 때 어떤 경우에 처음부터 판을 너무 키우지 않고 적당한 선에서 상대들을 데리고 갈 것인가? 아래의 장단점을 잘 비교해본 후 그때그때의 상황을 잘 분석하여 결정한다면 좋은 효과를 얻을 수 있을 것이다.

㉠ 아침커트 전에 심하게 레이즈를 할 경우
• 장점 : 웬만한 사람들을 기권시키고서 1 : 1의 승부로 만들려는 운영 방법이다. 같이 메이드를 만들지 못했을 때, 여러분의 추라이가 좋으므로 승산이 많다.
• 단점 : 여러분은 메이드를 못 만들었는데 상대 쪽에서 스테이가 나오면, 판을 키워 놓았기에 부담이 커져 다음 카드를 못 받아보는 경우가 생긴다 (기권하자니 아깝다).

㉡ 아침커트 전에 심하게 레이즈를 하지 않을 경우
• 장점 : 좋은 메이드를 만들기만 하면 모든 사람을 이길 수 있는 상황이므로 큰 부담을 피하고서 끝까지 시도해볼 수 있다.
• 단점 : 여러 명이 남아 있는 상황이라서 여러분이 메이드를 만들지 못하면 누군가 한 명이라도 메이드를 만들 가능성이 많기에, 추라이로서 이기기는 ㉠보다 확률이 훨씬 떨어진다.

이와 같이 아침커트 전에 추라이가 아주 좋을 경우에 레이즈를 하는 것은 장단점이 있다. 따라서 상대의 성격과 스타일에 따라 어떤 선택을 할 것인가를 결정해야겠지만, 어찌 되었든 ㉠의 방법이 훨씬 더 강력하고 효과적인 것만은 틀림없다. 그리고 이때 역시도 베팅 위치라는 중요한 변수를 항상 염두에 두고서 선택해야 한다는 점을 잊지 말기 바란다.

2. 아주 좋을 때는 뒷집을 달아라

이것은 로우바둑이게임을 어느 정도만 할 줄 알아도 거의 알고 있는 이야기지만, 여기서는 이것조차 잘 모르고 있는 초보자들을 위해 다시 한 번 설명하도록 하겠다.

아침커트 또는 점심커트에서 상당히 좋은 카드로 메이드가 되었을 경우, 앞에서 상대가 먼저 베팅을 하고 나왔을 때 바로 뒤에서 레이즈를 하여 다음 순서에 있는 사람들을 모두 죽이는 플레이를 하지 말라는 것이다. 물론 여러분 뒤에 콜을 할 사람이 없는 상황이라면, 그 때는 분명한 레이즈 찬스다. 이해를 돕기 위해 다음의 그림을 보기로 하자.

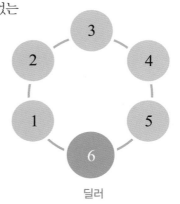

▶ 커트할 기회가 남아 있는 상황에서 여러분의 카드가 아주 좋을 때의 베팅 요령

a. ①~②의 위치에서 먼저 베팅을 하고 나왔을 때, 여러분이 ③~④의 위치에 있을 때는 레이즈를 해서는 안 된다.

b. ①~②의 위치에서 먼저 베팅을 하고 나왔고, 여러분이 ⑤~⑥의 위치에 있을 경우에는 레이즈를 해야 한다. 어차피 뒤에 데리고 갈 사람이 없는 상황이기 때문이다.

c. ①~②까지 체크를 하고 나오고 ③~④의 위치에서 베팅을 했을 경우, 여러분이 ⑤~⑥의 위치에 있을 때는 레이즈를 해서는 안 된다(a의 이론과 거의 동일).

d. ①~②의 위치에서 베팅을 하고 나오고 중간에 있는 사람들이 거의 콜을 한 상태에서, 여러분이 ⑤~⑥의 베팅 위치에 있을 때는 확실한 레이즈 찬스다. 하지만 이 경우 여러분이 아주 좋은 카드를 가지고 있을 때는 허허실실의 작전으로 콜만 하고 상대에게 일부러 약한 척 하며 상대의 공갈 등을 유도하는 플레이도 생각할 수 있다. 그러나 이러한 플레이는 정상급 수준에 올라 있는 고수들만이 여러 가지 상황에 따라 선택할 수 있는 베팅 기술이다. 따라서 d의 경우 정석은 레이즈를 하는 것이라고 생각해야 한다.

그리고 또 한 가지 짚고 넘어가야 할 부분은 앞의 a나 c와 같은 상황에서라도 여러분이 두 장이나 세 장을 바꾼 상태에서 5탑, 6탑 등의 좋은 족보가 메이드되었을 때는 바로 레이즈를 하는 운영도 할 줄 알아야 한다는 점이다.

이 부분에 대해서는 바로 다음의 '뒷집을 달지 말아야 할 때' 단락에서 더욱 상세하게 설명하도록 하겠다.

3. 뒷집을 달지 말아야 할 때

바로 앞 단락에서 설명했듯이 누구든지 5탑이나 깨끗한 6탑 같은 좋은 카드가 들어오면 가장 먼저 생각하는 것이 '사람들을 데리고 가서 큰 장사를 해야 한다'라는 점이다.

올바른 생각이다. 하지만 경우에 따라서는 5탑이 아니라 퍼펙트가 맞았어도 뒷집들을 데리고 가는 것보다 바로 승부를 거는 것이 훨씬 더 효과적일 때가 있으니 유념해야 한다. 즉, 뒷집들을 데리고 가려는 생각보다 큰 승부를 만드는 것이 우선시되는 상황이다. 그렇다면 과연 그때가 어떤 경우인지 알아보도록 하자.

첫째, 여러분이 두 장 이상 바꿔서 바로 좋은 메이드가 되었을 때
둘째, 앞에서 베팅하고 나온 상대가 거친 플레이를 하는 스타일일 때
셋째, 뒷집들이 돈이 별로 없을 때

대표적으로 이러한 세 가지 경우를 들 수 있다. 그러면 각각의 경우가 어떤 상황을 의미하는 것인지 한 가지씩 차례로 알아보기로 하자.

첫째, 여러분이 두 장 이상 바꿔서 바로 좋은 메이드가 되었을 때
다섯 명의 로우바둑이게임이다. 아침커트에서 맨 앞집이 2컷, 그다음 여러분이 2~3컷(이하 2컷으로 통일). 다음 집이 탑(한 장), 그다음 집이 2컷, 또 다음 집이 2컷인 상황이다.

이러한 상황에서 맨 앞 2컷 집이 베팅을 하고 나왔는데 여러분은 2컷

에 A-2-3-6으로 그림처럼 메이드가 되었다.

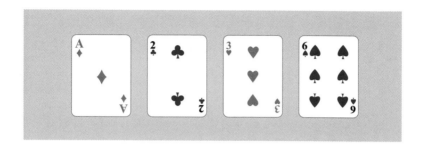

순간 여러분은 '여기서 레이즈를 하면 자칫 다 죽을지도 모르니 콜만 하고 데리고 갈까?'라며 잠시 고민에 빠진다. 아마도 로우바둑이게임을 어느 정도 해본 사람들이라면 이러한 상황을 맞이해보지 않은 사람은 없으리라. 그리고는 회심의 미소를 지으며 콜만 한다.

그런데 당연한 것 같은 이 플레이가 하나는 알고 둘은 모르는 그런 어리석은 플레이라는 것을 이제는 깨달아야 한다.

지금과 같은 상황이라면 숨도 쉬지 말고 바로 레이즈를 하며 승부를 걸어야 한다. 설혹 여러분이 바로 레이즈를 함으로써 상대가 모두 죽어 큰 소득을 올리지 못하는 한이 있더라도 지금과 같은 상황에서는 뒷집들을 데리고 가려고 생각하지 말고 바로 레이즈를 해야 한다는 것이다.

♠ 달고 간다는 느낌을 주면 큰 장사를 할 수 없다

누가 보기에도 뒷집들을 데리고 가는 게 정상일 것 같은 상황인데 왜 바로 레이즈를 해야 한다고 주장하는 것일까? 과연 그 이유는 무엇일까?

그것은 좁쌀이 100바퀴 구르는 것보다 호박이 한 바퀴 구르는 것이 낫다는 의미다. 물론 콜만 하고 뒷집을 데리고 가는 것이 바로 눈앞의 소득을 올리는 데는 분명 도움이 된다. 어찌 되었든 뒷집들이 콜을 하고 따라올 확률이 조금이라도 더 높기 때문이다. 그러고 나서 콜을 하고 따라 온 집이 여러분에게 지는 카드를 떠준다면 더욱 큰 효과를 기대할 수도 있다.

그러나 여기서 아주 중요한 포인트 한 가지를 간과해서는 안 된다. 그것은 바로 여러분이 상대들을 죽이지 않고 데리고 갔다는 흔적이 바로 다음번의 베팅에서 드러나게 된다는 점이다.

여러분이 2컷을 해서 좋지 않은 족보를 가지고 있다면, 상대가 따라와서 레이즈가 나오거나 같이 스테이를 했을 때 여러분은 바로 약한 모습을 보이며 꼬리를 내릴 수밖에 없다. 그런데 여러분이 강한 모습을 보인다면, 로우바둑이게임을 어느 정도만 해본 사람이라면 바로,

'아, 이거 달고 간 거였네. 2컷이라고 만만하게 보면 안 되겠네.'

라고 적신호를 감지하게 된다.

2컷이든 3컷이든 상대를 데리고 갈 정도라면 대부분의 경우 심상치 않은 카드라고 봐야 한다. 이렇게 되면 이미 큰 장사를 기대하기가 어려워진다. 하지만 만약 여러분이 처음에 바로 레이즈를 했다면 누구라도,

'저거 2컷이니 딜딜하게 맞아서 뒷집들을 자르려고 하는구나.'

라는 기분을 먼저 느끼게 된다. 이러한 기분을 느끼게 되면 추라이가 괜찮은 정도만 돼도 콜을 하고 승부를 걸고 싶은 욕망을 느낀다. 이렇게 되면 뒷집들도 충분히 따라올 수 있고 또 이러한 상황에서 뒷집이 좋은 카드를 뜨게 되면 여러분이 아침에 콜만 해서 달고 갔다는 느낌을 주었

을 때보다는 훨씬 더 큰 효과를 기대할 수 있다.

조금 더 쉽게 이야기를 정리하면 처음에 베팅을 하고 나온 집은 2컷, 레이즈를 한 여러분도 2컷이기에 뒷집들은 추라이가 괜찮으면 어차피 콜을 하고 따라올 확률이 높다는 것이다. 즉, 여러분이 레이즈를 하든 콜을 하든 추라이가 괜찮은 사람의 입장에서는 그다지 큰 영향을 받지 않는다는 이야기다.

만약 여러분이 레이즈를 하지 않고 콜만 하면 아마도 A-2, A-3과 같은 2컷을 하는 사람들이나 7추라이 정도를 가지고 있는 사람들이 콜을 하고 따라올지도 모를 정도라고 생각하면 될 것이다. 그렇기에 판도 키우고, 데리고 간다는 느낌도 주지 않기 위해서라도 바로 레이즈를 해야 하는 것이 올바른 운영이다.

♠ 앞에서 먼저 베팅을 하고 나온 사람을 상대로는 더욱더 레이즈를 해야 한다

지금까지의 이야기는 여러분의 뒤에 있는 사람들을 상대로 한 경우다. 이번에는 처음에 먼저 베팅을 하고 나온 사람(P)을 상대로 한 상황을 살펴보도록 하자. 이 경우에는 여러분이 콜만 하는 것이 얼마나 큰 이적행위인가를 더욱 절실하게 느낄 수 있다.

뒤에 탑(한 장)을 바꾼 집이 있는데도 2컷을 한 집이 처음에 맨 앞에서 먼저 베팅을 하고 나왔다면, 일단 P의 패는 추라이가 아주 좋든지 아니면 메이드가 되었든지 둘 중 하나라고 봐야 한다. 그런데 둘 중 어느 경우이든 P를 상대로는 무조건 레이즈를 하는 것이 큰 득을 보장하는 방법이다.

만약 P가 추라이가 좋은 상태라면 자신이 베팅을 하고 나온 상황에서 2컷 집이 레이즈를 했다고 죽을 리는 만무하다. 어차피 콜을 하고 따라온다는 것이다.

그렇다면 그다음 P가 아침2컷에서 바로 메이드가 되었을 경우의 상황인데, 이것이 바로 여러분이 기대하는 최고의 시나리오다.

만약 P가 6탑, 7탑으로 메이드가 되었다면 이것은 포커 용어로 '앞마이 이동(어느 한 사람의 앞에 있는 돈이 한 번에 모두 상대에게 넘어가는 것)'이 되는 상황이라고 볼 수 있다. 이 상황이라면 아침에 서로 '레이즈', '한 번 더'가 오가며 모든 것을 다 집어넣는 승부가 될 가능성이 많다는 것이다.

그리고 P가 8탑, 9탑 정도로만 메이드가 되어도 이것 역시 상당한 효과를 기대할 수 있다. 물론 상대가 6탑, 7탑을 잡았을 때보다는 덜하겠지만 거의 근접하는 효과를 기대할 수 있다.

그렇다면 P가 5탑을 잡아 여러분이 질 때는 어떻게 되나? 이것은 어쩔 수 없다. 여러분이 2컷에 A-2-3-6을 잡고 진다면 이것은 어차피 도망갈 수 없다는 의미다. 하늘이 내린 불운이기에 어떤 상황이 되어도 여러분이 큰 피해를 입을 수밖에 없다. 이때는 그저 하늘을 원망하는 일만 할 수 있을 뿐이다.

♠ 아침에 콜만 하고 점심때 레이즈를 하면 바로 적색 경고등이 켜진다

이야기를 다시 앞으로 돌려서 P가 2컷에 7탑을 맞춰 베팅을 하고 나왔는데 여러분이 2컷으로 A-2-3-6이 맞은 상황에서 콜만 했다면 이때는 어느 정도의 소득은 기대할 수 있지만 앞마이 이동 같은 그런 환상적

인 상황은 기대하기 어렵다고 봐야 한다. 이때는 상황이 많이 달라지기 때문이다.

만약 여러분이 콜만 했다면 P와 여러분 두 사람 다 스테이하는 것은 정해진 수순이다. 그러고 나서 P는 점심때 당연히 베팅을 하고 나올 것이다. 그런데 여기서 여러분이 레이즈를 한다면, 이때는 P의 입장에서,

'어! 이게 뭐야? 2컷으로 레이즈를? 그럼 조금 전에는 뒷집들을 달고 갔다는 말이네⋯⋯.'

이런 식으로 상황이 이어지게 된다.

이와 같은 경우라면 P의 입장에서 여러분을 공갈로 보지 않는 한 일단 바로 적색 경고등이 켜지게 된다. 물론 그렇다고 해서 P가 바로 진다고 생각하지는 않겠지만, 분명한 것은 심상치 않은 기운을 느끼고 경계태세로 돌입하게 된다는 사실이다. 이때 P가,

'내가 2컷 스테이고, 너도 2컷 스테이니 별것 아니더라도 레이즈할 수 있겠지.'

라고 쉽게 생각하고 재차 레이즈를 하는 것은 아주 위험한 플레이고, 어느 정도 이상만 로우-바둑이게임을 해본 사람들이라면 절대 하지 않는 플레이다.

물론 P가 2컷이고, 뒤에서 2컷 집이 콜을 했기에 얼핏 보기에는 스테이를 하더라도 별게 없어 보이는 것이 사실이다. 하지만 그것은 콜을 하고 스테이를 했을 때까지의 이야기고, 둘이서 함께 스테이를 한 상황에서 P가 앞에서 미리 베팅을 했는데 뒤에서 레이즈가 나온다면 이건 일단 비상 상황으로 봐야 한다. 공갈이 아닌 한 이러한 플레이는 처음에 뒷집들을 데리고 간 플레이가 분명하기 때문이다.

이러한 상황을 감안하면 P의 입장에서는 아주 냉정하게,

'이거 달고 간 거네? 그렇다면 나 같으면 7탑한테 지는 카드로 우글 우글하는 뒷집들을 달고 가는 플레이를 할까?'

라는 부분을 판단해보게 된다. 이렇게 되면 누구라도 만만치 않은 승부라는 위기의식을 바로 감지할 것이다.

그렇기에 이런 상황에서 P가 2단 레이즈를 하는 것은 아주 위험한 플레이라고 봐야 한다. 그렇다면 이미 여러분은 아침2컷에 A-2-3-6이라는 기가 막힌 메이드가 되고, P 역시 아침2컷에 7탑이라는 좋은 카드가 만들어졌는데도 아주 큰 장사를 기대하기가 어려워진다. 좋은 기회를 놓친다는 의미다. 그리고 그것은 여러분이 처음에 상대를 데리고 가려고 한 플레이에서 비롯되는 것이다.

물론 P가 2컷에 6탑, 7탑으로 메이드되기는 쉽지 않다. 하지만 뒤에 탑집이 있는데도 맨 앞에서 미리 치고 나온 이상 웬만큼 괜찮은 패라는 점을 감안한다면 지금의 설명이 가진 의미를 충분히 이해할 수 있으리라 생각한다.

♠ 레이즈를 해도 아무도 강하게 보지 않는다

"2컷으로 콜만 하면 누구든 약하게 보고 공갈을 시도할 수 있지 않은가? 약한 모습을 보이며 공갈을 유도하는 것도 좋은 방법이 될 수 있다."

혹자는 이렇게 주장하기도 한다. 일리 있는 말이다. 하지만 약한 모습을 보여도 다음번 베팅에 죽지 않고 버티거나 오히려 더 레이즈를 한다

면 이것은 약한 모습이 아니라 데리고 간 모습이 바로 드러난다. 그렇기에 이때는 어느 정도의 소득은 올릴 수 있겠지만 큰 승부를 만들어내기 어려워진다는 사실을 잊어서는 안 된다.

그리고 한 가지 더 알아 두어야 할 점은, 2컷 스테이라면 처음에 레이즈를 하든 안 하든 거의 대부분의 사람들이 그리 강하게 보지 않는다는 점이다. 즉, 콜만 하고 스테이를 하면 약하게 보고, 레이즈를 하고 스테이를 하면 강하게 보지 않는다는 것이다. 어차피 2컷이기에 그리 강하게 보지 않는다는 뜻이다.

둘째, 앞에서 베팅을 하고 나온 상대가 거친 플레이를 하는 스타일일 때

조금 전 첫째의 상황과 비슷한 분위기에서 맨 앞에서 베팅을 하고 나왔는데 여러분이 2컷에 A-2-3-6이라는 환상적인 카드가 됐다. 그런데 이번에는 맨 앞에서 베팅하고 나온 사람이(탑이든 2컷이든, 3컷이든) 아주 거친 베팅 스타일의 사람이라면 이때도 역시 여러분은 뒷집들을 데리고 가려는 생각을 하지 말고 바로 레이즈를 해야 한다.

이와 같은 경우라면 뒷집들은 여러분이 레이즈를 해도 여러분의 패를 메이드라고 보기보다 '추라이가 좋은 탑' 정도로 보고 아주 크게 경계하는 상황이 아니기 때문이다. 즉, 맨 앞에서 미리 베팅하고 나온 사람은 아예 그러려니 하고 처음 베팅에 큰 의미를 두지 않기에, 여러분이 2컷을 하고 레이즈를 한다고 해도 뒷집들에게 큰 영향을 주지 않는다는 것이다. 그렇기에 이럴 때라면 바로 레이즈를 하여 판을 키우는 것이 올바른 운영 방법이다.

셋째, 뒷집들이 돈이 없을 때

뒤에 있는 사람들이 돈이 별로 없는 경우라면 미리 베팅을 하고 나온 앞집을 승부 상대로 잡는 것은 너무도 당연하다. 그렇기 때문에 이때는 뒤에 있는 푼돈에 욕심내지 말고 바로 레이즈를 하여 앞 사람을 상대로 승부를 만들어야 한다.

그런데 게임 중에 상대가 얼마나 되는 돈을 가지고 게임을 하고 있는지 조차 모르면서 게임을 하고 있는 사람들도 간혹 있으니 참으로 황당한 일이다. 로우바둑이게임은 어떤 위치에 있는 상대가 어느 정도의 돈을 가지고 있느냐에 따라 작전이나 운영이 완전히 달라져야 한다는 사실을 명심해야 한다. 이 부분에 대해서는 뒤의 '상대의 돈에 따른 베팅 요령' 단락에서 좀더 상세히 설명하도록 하겠다.

향후로는 아침커트에 아주 좋은 카드가 왔을 때 상황에 따라 뒷집들을 데리고 가야 할 때와 그렇지 않을 때의 판단을 정확하게 숙지하여 한 번의 베팅 실수로 인해 큰 소득을 올릴 수 있는 기회를 스스로 날려버리는 실수를 범하지 않기를 바란다.

4. 마지막에도 자신 있게 베팅하라

거의 대부분의 하수들이 9탑, 10탑 또는 그림(J, Q, K)으로 먼저 메이드가 되어 있을 때 상대가 마지막 커트에 한 장을 바꾸고 들어오면, 마지막 베팅에 무조건 삥을 하거나 또는 상대가 삥을 하고 나오면 숨도 안 쉬고 '삥콜'을 선착순으로 외친다. 즉, 삥으로 그 판의 결과를 빨리 마무리하고 싶어 한다는 것이다.

별로 좋지 않게 메이드가 되었기에 몹시 추운 상태라는 것은 충분히 이해할 수 있다. 하지만 여러분의 패를 판독하기 어렵게 만들기 위해 가끔 한 번씩은 레이즈를 맞으면 죽겠다는 각오를 가지고 자신 있게 베팅을 하는 것이 필요하다.

쉽게 말해서 상대들에게 '저 사람은 항상 좋은 족보를 가지고 있을 때만 마지막(저녁)에 베팅을 한다'라는 식의 인상을 남기지 말라는 의미다. 이러한 플레이는 여러분의 패를 상대에게 노출시키지 않는다는 장점과 함께 여러분이 좋은 패를 잡았을 때 보다 효과적인 배당을 올릴 수 있게 해준다는 사실을 반드시 기억해야 한다.

5. 마지막 베팅에서의 8탑 메이드

점심커트에서 여러분은 탑(한 장)을 바꿔 아래와 같이 8탑으로 메이드가 되었다.

여러분이 베팅을 하고 나가자 두 명의 상대가 따라왔다. 이제 마지막 커트만 남아 있고, 상대는 두 명 모두 탑(한 장)을 바꿨다. 판은 이미 꽤 커져 있는 상태다.

실전에서 너무도 흔히 맞이하는 상황이다. 여러분의 베팅 위치는 중간이다. 앞에서는 삥을 달고 나왔다. 여러분은 여기서 어떻게 할 것인가?

물론 여러 가지 변수와 상황을 감안해야겠지만, 기본적으로는 '삥콜'로 응수하는 것이 올바른 운영이다. 이것은 두 가지 중요한 의미에서 그 효과가 있다고 하겠다.

① 뒤에 있는 상대의 공갈을 유도한다.
② 베팅을 하고 나갔다가 레이즈를 맞을 경우, 죽기 아까운 카드이기 때문에 더욱 갑갑해진다.

로우바둑이게임에서 8탑 메이드로서 완성되었다는 것은 실제로 괜찮은 카드다. 그렇기에 ①은 베팅 위치가 앞쪽일 때 약한 모습을 보이며 상대의 공갈을 유도하는 면과 함께, 상대가 베팅하면 콜을 하겠다는 의미다.

②는 8탑 메이드는 괜찮은 카드이기 때문에 베팅을 하고 나갔다가 레이즈를 맞았을 경우(상대가 공갈이 아닌 한 거의 지는 상황이라고 느끼면서도), 죽기가 싫어지고 미련이 생기므로 자칫 큰 피해를 입을 가능성이 높다는 의미다. 오히려 J탑, Q탑 등으로 메이드가 되었을 때 베팅을 하고 나갔다가 레이즈를 맞으면 대부분 큰 미련을 갖지 않고 카드를 꺾는다. 그런데 8탑 정도가 되면 죽기가 아쉬워지고 미련을 가지는 경우가 많다.

♠ 마지막에 레이즈를 맞으면 8탑과 Q탑은 똑같은 카드

여기서 명심해야 할 아주 중요한 사실은 아침이나 점심때 미리 스테이를 하고 마지막에 베팅을 했는데 레이즈를 맞았을 경우에는(레이즈를 한 상대방이 공갈을 시도한 것이 아니라면), 여러분의 카드는 J탑, Q탑 등의 좋지 않은 메이드든 8탑이든 어차피 90% 이상 지는 상황이라는 것이다.

상대방이 미리 스테이를 하고서 마지막에도 베팅을 하고 나오는데, 9탑 또는 10탑 정도(이때 9탑 또는 10탑이 의미하는 것은 8탑에게는 지고 J탑, Q탑 등에게는 이긴다는 뜻)의 카드를 가지고서 레이즈를 하는 사람은 거의 없기 때문이다.

따라서 위와 같은 상황에서 8탑과 Q탑은 단지 가지고 있는 사람의 기분 차이일 뿐, 현실적으로 나타나는 결과는 거의 같다고 봐야 한다. 그러므로 8탑 또는 Q탑 등으로 메이드가 돼 먼저 스테이를 하고 있다가 마지막에 베팅을 했는데 레이즈를 맞았을 경우에는, 8탑이기 때문에 콜을 하고, Q탑이기 때문에 카드를 꺾는 식의 선택을 해서는 안 된다. 8탑이든 Q탑이든 상대가 공갈이라고 느껴지면 콜을 하고, 공갈이 아니라고 판단되면 카드를 꺾는 식의 선택을 해야 한다.

8탑이라는 족보는 미리 스테이를 하고 마지막에 베팅을 하고 나갔을 경우, 상대에게 레이즈를 맞지 않으면 웬만하면 이길 수 있는 좋은 카드가 틀림없다. 하지만 만약 레이즈를 맞는다면 전혀 힘을 못 쓰는 카드로 바로 둔갑하기 때문이다.

지금까지 8탑은 마지막에는 굳이 베팅을 할 필요가 없다고 말해 왔지만 이것은 어디까지나 기본 정석일 뿐이다. 그렇기에 큰판일지라도 서로

의 기세 싸움이나 공갈 같은 느낌을 풍겨 상대가 추라이로서 콜을 할 가능성이 어느 정도 있다고 느껴질 때면 베팅을 해볼 가치가 충분하다. 하지만 언제든 마지막(저녁) 베팅에 8탑으로 베팅을 했다가 레이즈를 맞으면 상대가 공갈을 시도한 것이 아닌 한 거의 진 승부라는 사실을 마음속에 새겨 두고서 모든 플레이를 결정해야 한다는 점을 잊어서는 안 된다.

6. 좋은 베팅 위치에서 큰 승부를 만들어라

지구상 최고의 갬블도시 라스베이거스에서는 포커게임을 할 때 나쁜 베팅 위치를 가리켜 '총구 앞에 있다(under the gun)'라고 표현할 정도로 베팅 위치는 너무도 중요하다. 그래서 라스베이거스를 대표하는 초일류 갬블러들은 베팅 위치가 앞이냐 뒤냐에 따라 자신이 가지고 있는 패의 가치가 30% 이상 차이가 난다고 할 정도다.

그런데 이처럼 중요한 베팅 위치가 150여 가지의 포커게임 중 로우바둑이게임에서 가장 강조되고 있으니, 로우바둑이게임에서 베팅 위치의 중요성은 아무리 강조해도 지나치지 않다. 그렇기에 로우바둑이게임을 할 때 좋은 베팅 위치에서 승부를 걸어야 한다는 것은 너무나도 중요하고 또 중요하며, 너무나도 당연하다.

상대방들의 베팅, 커트 상황 등 모든 것을 먼저 보고 난 후 자신의 선택을 결정할 수 있다는 것은 상상 이상으로 엄청난 이점이다. 따라서 베팅 위치는 두말할 필요 없이 뒤쪽으로 갈수록 더욱더 좋아지는 것이다.

그렇기에 고수들은 100% 자신이 딜러를 하는 판에서는 거의 무조건 아침커트 전에 일단 레이즈를 하여 판을 키움으로써 자신의 베팅 위치가 좋을 때 큰 승부를 만들려고 한다.

거기에 고수들이 웬만한 상황이면 아침커트 전에 레이즈를 하여 판을 키우는 또 한 가지 이유는 판이 커질수록 베팅 기술로 하수들을 요리하기가 수월해지기 때문이다.

작은 판에서는 베팅의 위력이 잘 통하지 않기 때문에 이기기 위해서는 반드시 좋은 패를 만들어야 한다. 하지만 아침커트 전부터 레이즈가 한두 번 왔다갔다해 판이 커졌을 경우에는 베팅으로 하수들을 제압할 가능성이 훨씬 더 높아진다. 그래서 일류 고수들은 웬만한 상황에서는 거의 아침커트 전에 레이즈를 해 판을 흔든다는 사실을 반드시 기억해야 한다.

너희는 모두 내 손안에 있어-^^
어, 이 자식이 요령을 부려?

♠ 아침커트 전의 레이즈는 금전적인 부담이 없다

여러분들은 아직은 지금 말한 고수들의 레이즈를 할 정도의 수준까지 올라 있지는 못할 것이다. 하지만 여러분이 딜러를 하는 판에서는 아침커트에서 패턴스테이나 한 장을 바꿀 때만 레이즈를 하는 것이 아니라, 두 장 또는 세 장, 네 장을 처음에 바꾸는 경우에도 자신 있게 레이즈를 하여 큰 승부를 만드는 플레이를 이제부터라도 배워나가야 한다. 그래야만 고수의 대열에 한 걸음 더 가까이 갈 수 있게 된다. 이 부분에 대해 혹자는,

"아무리 딜러라고 해도 처음에 세 장, 네 장을 바꾸면서 레이즈를 해 판을 키우는 것은 무리……."
라며 부정할지도 모르겠다. 하지만 세 장, 네 장을 바꾸면서 레이즈를 하더라도 어차피 아침커트 전의 레이즈에 필요한 액수는 큰 금액이 아니다.

그리고 처음에 판을 키워놓았더라도, 아침, 점심커트에서 만족할 만큼 패가 들어오지 않으면 그때는 미련 없이 포기하면 된다. 그럴 때의 피해가 조금은 더 있겠지만 그것은 큰 부담이 없다. 오히려 자신이 딜러를 하는 유리한 상황에서 승부를 하는 것이기에 피해의 정도보다는 승부가 걸렸을 때 얻을 수 있는 이득이 훨씬 더 크다고 봐야 한다. 그렇기에 자신이 딜러를 할 경우에는 세 장, 네 장을 바꾸는 상황이라도 아침커트 전에 레이즈를 하여 판을 키울 가치가 있다는 것이다.

이러한 운영이 바로 로우바둑이게임에서 좀더 높은 승률을 올리기 위한 절대적인 요소 가운데 하나며 또한, 이것은 가장 대표적인 고수들의 게임 운영 요령이다.

로우바둑이게임 족보

　로우바둑이게임은 네 장의 카드를 모두 다른 숫자, 다른 무늬로 맞추는 게임이다. 그랬을 때 이 조건을 충족시킨 카드를 '메이드'라고 표현한다. 그리고 메이드가 된 네 장의 카드 중 가장 높은 숫자(이것을 보통 '탑'이라고 표현한다)가 낮은 사람이 이긴다.

　그리고 탑(Top)이 똑같을 경우에는 두 번째로 높은 숫자를 비교하여 낮은 사람이 이긴다. 이때 두 번째로 높은 카드를 '넥스트(Next)'라고 한다. 그리고 이것도 같을 때는 세 번째, 네 번째 카드를 비교하여 승부를 가린다.

　예를 들어 'A-3-6-7'로 메이드가 되었을 경우, '7탑' 또는 '로우7', '7로우' 등의 방식으로 부르며 지금의 경우 넥스트는 '6'이 된다. 즉, '7탑에 넥스트는 6' 이런 식이 되는 것이다. 그리고 메이드가 된 사람이 없을 경우에는 세 장의 카드를 비교하게 되며 이것을 보통 '추라이(Try)' '베이스(Base)' 등으로 표현한다.

　그리고 서로가 같은 메이드(네 장이 전부 똑같은 경우), 또는 같은 추라이(세 장이 전부 똑같을 경우)를 잡았을 경우에는 무승부로 처리한다. 다시 말해 무늬로는 승부를 가리지 않고, 또한 추라이가 똑같을 때는 나머지 한 장의 카드를 비교하지 않는다는 의미다.

　로우바둑이게임의 족보를 그림으로 알아보면 다음과 같다.

① 퍼펙트(Perfect) :

보통, 휠(Wheel), 바이시클(Bicycle), 골프(Golf) 등으로 표현.

② 세컨드(Second) :

보통 '낫싱 5(Nothing Five)', '엠비씨 초' 등으로 표현.

③ 서드(Third) :

④ 5탑 : A-3-4-5

⑤ 5탑 : 2-3-4-5

⑥ 6탑 : 메이드된 상태에서 가장 높은 숫자가 6인 경우

• A-2-3-6에서부터 3-4-5-6까지 6탑의 종류는 총 10가지가 있다.

⑦ 7탑 : 메이드된 상태에서 가장 높은 숫자가 7인 경우

• A-2-3-7에서부터 4-5-6-7까지 7탑의 종류는 총 20가지가 있다.

⑧ 8탑 : 메이드된 상태에서 가장 높은 숫자가 8인 경우

⑨ 9탑 : 메이드된 상태에서 가장 높은 숫자가 9인 경우

⑩ 10탑 : 메이드된 상태에서 가장 높은 숫자가 10인 경우

⑪ J탑 : 메이드된 상태에서 가장 높은 숫자가 J인 경우

⑫ Q탑 : 메이드된 상태에서 가장 높은 숫자가 Q인 경우

⑬ K탑 : 메이드된 상태에서 가장 높은 숫자가 K인 경우

⑭ 추라이 (A-2-3) : 메이드가 되지 않은 상태에서 가장 높은 족보

⑮ 추라이 (A-2-4) : 메이드가 되지 않은 상태에서 두 번째 높은 족보

⑯ 추라이 (A-3-4) : 메이드가 되지 않은 상태에서 세 번째 높은 족보

·
·
·
·
·

Q 2

당신은 이때 어떻게 하시겠습니까?

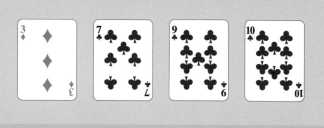

다섯 명이 하는 로우바둑이게임에서 처음 여러분에게 들어온 카드는 위의 그림과 같다. 여러분의 베팅 위치는 가장 앞이다. 여기서 여러분은 몇 장을 커트하겠는가?

㉠ ◆3-♣7, 두 장을 가지고 두 장을 바꾼다.

㉡ ◆3, 한 장만 가지고 세 장을 바꾼다.

㉢ 네 장을 다 바꾼다.

〈답〉

베팅 위치가 가장 앞(또는 그다음 정도라도)일 때라면 지금과 같은 카드가 처음에 들어왔을 경우 이제부터는 무조건이라고 할 정도로 7을 가지고 가며 2컷을 하려는 생각은 버려야 한다. 한 장(◆3)만 가지고 세 장을 바꿔야 한다는 것이다.

이 부분에 대한 자세한 설명은 초급편, 1장 초이스의 기본, '7을 가지고 가는 2컷은 없다' 단락을 참고 하기 바란다.

정답 : ㉡

3장 공갈의 정석

거짓말처럼 순식간에 승자와 패자를 바꿔버리는 공갈. 지고 있는 패로 상대의 승리를 빼앗아오는 공갈이야 말로 포커게임만이 가지고 있는 매력이자 특징이다.

공갈을 적재적소에 잘 사용하고 상대의 공갈을 정확하게 체포할 수만 있다면, 누구라도 포커게임에서 백전백승할 수 있을 텐데…….

그렇다면 일류 갬블러들이 '포커의 꽃'이라고 이구동성으로 말하는 공갈의 정석은 어떤 것인지 지금부터 그 길을 찾아보기로 하자.

로우바둑이게임에서 공갈의 위력은 150여 가지에 이르는 포커게임 중 단연 최고라 할 정도로 게임에 미치는 영향이 엄청나다. 그렇기에 하고 싶은 이야기가 너무도 많지만 로우바둑이게임에서는 공갈의 정석을 글로 설명하기가 참으로 쉽지 않다.

로우바둑이게임은 세븐오디게임과 같이 서로의 액면에 어느 정도의 카드가 오픈되어 있는 게임이 아니고 완전히 손안에 감춰진 카드를 가지고서 승부를 겨루는 게임이기에, 커트 상황, 베팅 상황, 상대방의 스타일 등만 가지고서 상대가 공갈인지 아닌지 또는 내가 공갈을 시도할 찬스인지 아닌지를 찾아내야 하기 때문이다.

어떤 종류의 포커게임에서든 마찬가지지만, 로우바둑이게임 역시 기본적으로 공갈을 너무 자주 시도하는 것은 피해야 하며 또, 상대의 공갈을 잡아내려고 시도하는 것도 바람직하지 않다. 단지 세븐오디게임 등다른 종류의 포커게임과 비교했을 때 '공갈이 더 자주 사용되고, 공갈이 게임 결과에 미치는 영향이 더 큰 게임'이라고 생각하면 될 것이다.

1. 아침커트에서 무조건 한 장을 바꾼 뒤 스테이를 하라

"아침커트에서 무조건 한 장을 바꾸고 스테이를 하라."

이것은 로우바둑이게임의 가장 상용적인 공갈 방법으로서 공갈수칙 제1장 1절에 나와 있는 방법이라고 생각해도 좋을 만큼 기본적이고 성공 가능성도 높은 요령이다. 실제로는 아침커트에서 한 장을 바꿀 수 없는 상황일지라도 어차피 공갈을 시도하려고 마음먹은 이상 아침커트에서 무조건 한 장을 바꾸라는 것이다. 이렇게 되면 상대로 하여금 일단 경계심을 가지게 만든다. 즉, 상대로 하여금,

'아침부터 한 장을 바꾸는 걸 보니 추라이가 웬만큼 괜찮은가 보다.'

라는 생각이 들게 할 수 있다는 것이다. 거기에다 아침커트 후 바로 스테이를 하면 아직도 커트가 두 번이나 더 남아 있는 상황이기에 대부분의 사람들은,

'저거 메이드가 되었구나. 게다가 아침에 한 장 바꾸고 나서 스테이를 한 것이니 끗발도 만만치 않겠구나.'

라는 식으로 판단하게 되는 것이 보통이다. 이렇게만 된다면 승산은 공갈을 시도한 쪽에 훨씬 높아진다. 이 방법은 아침커트 후에 바로 스테이

를 하는 것이기에 그다지 큰 소득을 올리기 힘들다는 단점이 있지만, 성공 가능성이 상당히 높기에 반드시 알아두어야 할 아주 중요하고 기본적인 공갈 테크닉이다.

그리고 베팅 위치나 여러 가지 상황을 판단하여 아침커트 전에 판을 크게 키워 놓는 것도 지금 말한 이 공갈의 성공 가능성을 더욱 높일 수 있는 유력한 방법임을 아울러 밝혀 둔다.

2. 상대의 스타일을 잘 파악한 후에 공갈을 시도해야 한다

로우바둑이게임을 하다 보면 사람들 각자의 특성은 정말로 천차만별이다.

어떤 사람은 무조건 콜을 한다 하여 '탱크', '껌', '본드', '진드기' 등 여러 가지로 표현되며, 어떤 사람은 너무 타이트하게 게임을 운영한다고 하여 '콧구멍', '베트콩', '낮은 포복', '엎드려 쏴' 등으로 표현된다.

그랬을 때 어떤 종류의 포커게임에서도 상대의 특성을 잘 파악하여 공갈을 시도하는 것이 바로 공갈의 성공 가능성을 높이는 지름길임을 명심해야 한다.

무조건 콜을 하는 속칭 '탱크' 또는 '껌' 스타일의 상대에게는 가능하면 공갈을 시도하지 말라는 뜻이다. 반대로 조금이라도 불확실한 상황에서는 승부를 하지 않으려고 하는 스타일, 다시 말해 게임을 아주 타이트하게 운영하는 스타일을 상대로 공갈을 시도하면 그만큼 성공확률이 높아진다.

그래서 로우바둑이게임을 할 때는 상대의 가족 관계, 연간 수입, 혈액형, 성격, 집안 환경, 취미생활, 친구 관계, 애인 관계 등 알 수 있는 모든 것을 파악해야 한다고 할 정도다. 이처럼 상대방의 게임 스타일과 성격을 미리 안다는 것은 비단 공갈과 관련된 부분에서 뿐만이 아니라 로우바둑이게임의 어떤 상황에서든 반드시 필요한 사항임을 잊어서는 안 된다. 지피지기면 백전백승이다.

3. 잡히기 위한 공갈을 시도하라

공갈은 기본적으로 너무 자주 시도해서는 안 되고, 상대의 공갈을 잡으려고 노력하는 것도 올바르지 않은 운영 방법이다. 이처럼 공갈을 게임의 주된 운영 방법으로 사용해서는 안 된다는 사실은 이미 앞에서 언급한 바 있다.

그렇다면 공갈은 어느 정도로, 어떤 의미를 가지고 시도해야 할까?

우선 공갈의 시도 횟수를 보면 아무리 자주 공갈을 시도한다 하더라도 네 번의 베팅 중 한 번 이상의 비율을 넘지 않는 것이 좋다. 즉, 네 번에 한 번 정도라면 상당히 자주 공갈을 시도하는 것이라는 의미다. 그렇기에 보통은 여섯 번의 베팅 중 한 번 정도가 공갈의 횟수로 가장 적당하다.

네 번 중 한 번 또는 여섯 번 중 한 번이라고 해서 이것이 네 판 중 한 판 또는 여섯 판 중 한 판이라는 의미로 생각해서는 곤란하다. 여기서 말하는 네 번, 여섯 번이라는 것은 승부가 걸렸을 때 마지막에 여러분이 베팅을 하는 상황의 횟수를 의미한다. 여러분이 게임 도중에 죽은 판은 횟수에 들어가지 않는다. 그랬을 때 아주 자주라면 네 번 중 한 번, 적당한 정도라면 여섯 번에 한 번 정도의 비율로 공갈 베팅을 하는 것이 적당한 수준이라는 것이다.

물론 그렇다고 해서 '이번이 네 판째니까', '이번이 여섯 판째니까'라는 식으로 공갈을 시도하는 사람은 없겠지만 네 판, 여섯 판이 아니라 열 판, 스무 판이 지나도 적당한 기회가 오지 않으면 안 할 수도 있고, 좋은 찬스가 이어진다면 더 자주 공갈을 시도할 수도 있다. 하지만 전체적인 비율로 보았을 때 로우바둑이게임을 효과적으로 운영하기 위해 사용하는 적당한 공갈의 수준은 그 정도라는 것을 머릿속에 넣어두기 바란다.

♠ 공갈을 시도하는 여러 가지 목적

공갈의 횟수가 그렇다면 공갈을 시도하는 의도는 지고 있는 패로 상대를 기권시키고 판에 쌓여 있는 돈을 가지고 오기 위한 목적뿐일까? 아니다. 물론 그것도 중요한 하나의 목적임에는 틀림없지만, 공갈을 시도하는 목적은 그 이외에도 여러 가지가 있다.

첫째, 밑밥의 의미로
둘째, 게임의 흐름을 바꿔 보기 위해
셋째, 상대의 스타일을 파악하기 위해
넷째, 판의 주도권을 잡기 위해

공갈은 이처럼 많은 의미를 담고 있다. 따라서 공갈은 실패하더라도 여러 가지 의미와 여운을 남기게 된다. 그래서 성공, 실패 여하를 떠나 간혹 시도해볼 가치가 있다.

공감을 편안하고 쉽게 이용하려면 '첫째, 밑밥의 의미로'라는 부분을 가장 먼저 떠올리면 된다. 즉, '잡혀도 좋다' 아니 숫제 '잡히려고 공감을 시도한다'는 정도로 편안하고 가벼운 마음으로 공감을 시도할 줄 알라는 뜻이다.

초조한 마음을 가지고 불안에 떨며 공감을 시도하지 말고 잡혀도 좋다는 편안한 마음으로 공감을 시도하게 되면 훨씬 더 매끄럽고 자연스러운 레이즈로 이어지며 심리적으로 훨씬 더 여유가 생길 수 있다. 물론 그런 마음을 가진다고 해서 실패할 공감이 성공으로 바뀌는 경우야 드물겠지만 최소한 공감 실패로 인한 심리적 위축이나 '뚜껑 열림' 같은 현상은 일어나지 않을 것이 아닌가?

그리고는 '자식아, 어차피 그건 밑밥이야. 보여주려고 일부러 공감 한 번 쳐본 거야'라는 식으로 스스로를 위안하면 된다.

♠ 공감이 체포된 후에는 진카만을 가지고 승부하라

이렇듯 여러분이 가벼운 마음으로 공감을 시도했을 때, 그 공감은 성공할 수도 있고 실패할 수도 있다. 성공했을 경우에는 기회를 봐서 또 다시 시도하면 되지만, 두 번 정도 계속 실패하게 되면 그때부터는 당분간 공감을 시도해서는 안 된다.

여러분이 이미 상대에게 보여주기 위한 공감 즉, 잡히기 위한 공감을 시도했고 그것이 두 번 정도 상대에 의해 체포됐다면 그때부터는 모두가 '아, 저 친구는 공감이 있는 친구구나'라는 인식을 하게 된다. 이럴 때 계속 공감을 시도하면 안 된다는 사실쯤은 세 살 먹은 어린 아이들

도 잘 알 수 있다. 따라서 이때부터는 당분간 좋은 카드만을 가지고 승부해야 한다.

보통 사람들보다 지능지수가 떨어지는 사람들만 모여서 로우바둑이게임을 하는 것은 분명 아닐 텐데, 이상하게도 이러한 공갈의 밑밥 효과는 의외로 크게 나타난다. 공갈로 3~5 정도를 두 번 정도만 투자해서 그런 인식을 심어주고 나면, 그다음에 좋은 카드를 잡았을 때 20~30의 베팅을 해도 훨씬 더 부담 없이 확인을 해준다는 사실이다.

'혹시 또 공갈일지도 모르니까…….'
라는 기대감을 이미 머릿속으로 느끼고 있기 때문이다.

어찌 보면 참으로 단순한 수법이기 때문에 조금만 생각해보면 걸려들지 않을 수 있는 함정임에도 불구하고 로우바둑이게임 테이블에 앉아 있는 거의 대부분의 사람들이 생각보다 참으로 쉽게 걸려든다. 그렇다면 앞에서도 언급했듯이 로우바둑이게임을 즐기는 사람들이 머리가 나빠서 일반 사람들이라면 충분히 감지할 수 있는 이러한 함정을 모르는 것일까?

절대 아니다. 그렇다면 왜 이런 아주 기본적이고 단순한 함정에 빠지는 어리석은 행동을 늘 되풀이하는 것일까?

그것은 바로 공갈이 가지고 있는 특성 때문이라고 필자는 단언한다. 로우바둑이게임을 즐기는 사람들 중 100이면 99명은 똑같은 100이라는 소득을 얻었을 때 그 소득이 좋은 패를 가지고 이겨서 얻었을 때보다 부들부들 떨며 고민 끝에 상대의 공갈을 체포해서 얻은 소득일 때가 훨씬 더 큰 기쁨을 느끼게 된다. 똑같은 100의 소득인데 후자 쪽이 훨씬 더 큰 기쁨을 느낄 수 있다는 점은 누구든 동의하리라 생각한다.

그런데 사실은 전자나 후자 모두 이기는 패로 이긴 것일 뿐이다. 단지 큰 한 가지 차이점은 전자가 100의 소득을 올렸다면 후자는 원래 40~50 정도의 소득을 올릴 상황인데 그것이 상대의 공갈로 인해 100이 되었다는 점이다.

♠ 잡혀도 좋다는 편안한 마음을 가져라

얼핏 보면 전자와 후자의 차이는 이것 한 가지뿐인 것처럼 보일 수도 있다. 그러나 여기서 여러분이 간과하고 넘어가서는 안 될 아주 중요한 포인트는 후자의 경우 40~50의 소득을 올릴 것을 100의 소득을 올렸다고 생각해서는 안 된다는 것이다. 후자는 만약 공갈을 체포하지 못하고 상대의 공갈에 여러분이 당했을 경우 40~50의 소득이 아니라 40~50의 피해로 끝나는 상황이었다는 점이다.

바로 이러한 점 때문에 포커게임을 즐기는 거의 대부분의 하수들이 상대의 공갈을 체포하는 데 많은 매력을 느끼고, 또 달리 표현하면 상대의 공갈에 당하는 것을 용납하지 않으려 한다. 그렇기에 로우바둑이게임의 하수들은 바늘 끝만 한 가능성이 있어도 잘 죽으려 하지 않는다. 특히 하수들은 웬만한 메이드만 되어 있으면 좀처럼 카드를 꺾지 않는다. 그런데 베팅이나 레이즈를 한 상대가 한 번씩 심심찮게 공갈을 보여주었던 인물이라면 더욱 죽기가 싫어지는 것은 어찌 보면 당연한 현상이다.

이렇게 된다면 여러분이 가벼운 마음으로 보여주기 위한 공갈을 몇 번 시도해서 입었던 피해보다 몇 배의 소득을 단숨에 거둬들일 수 있지 않겠는가?

모쪼록 향후에는 '죽어도 먹어야 돼!'라는 절박한 마음으로 공갈을 시도하지 말고 잡혀도 좋다는 여유로운 마음으로, 잡히기 위해 공갈을 시도한다는 편안한 마음으로 공갈 베팅을 잘 이용하여 한 단계 더 높은 고수가 될 수 있기를 바란다.

지금까지의 단락이 공갈을 치는 법이라면, 다음부터 나올 단락은 공갈을 잡는 법이라 생각하고 설명을 보기 바란다.

4. 상대가 미리 스테이를 했을 때, 마지막에 베팅을 하고 나오는 비율을 체크하라

일반적으로 공갈이 별로 없는 평범한 스타일의 사람이라면, 아침 또는 점심커트에서 미리 스테이를 했더라도 마지막에 가서 베팅을 하고 나올 확률은 보통 두세 판 중 한 판 정도라고 보면 적당하다. 메이드가 되었더라도 매번 좋은 카드로 메이드가 되는 것은 아니라고 가정할 때, 웬만한 경우에는 삥 또는 체크로 그 판을 마무리하려고 하는 것이 보통이기 때문이다. 그만큼 로우바둑이게임에서 마지막 베팅 때 하프베팅을 자신 있게 할 정도의 족보를 잡기는 쉽지 않다.

이와 같은 점을 생각할 때 스테이를 하고서 마지막 베팅에서 자주 베팅을 하고 나오는 사람은 일단 '혹시 공갈 아니야?'라는 의심의 대상이 될 수 있다. 물론 앞서 '마지막에도 자신 있게 베팅하라' 단락에서 설명했듯이 별로 좋지 않은 메이드를 가지고서도 마지막 베팅을 하는 경우도 있다. 하지만 누구에게나 패는 비슷한 수준으로 뜬다고 가정할 때 미리 스테이를 하고서 마지막까지 베팅을 자주 하는 사람일수록 공갈의 가능성이 그만큼 높아진다는 점만은 틀림없는 사실이다.

로우바둑이게임을 하는 누구라도 10탑, J탑, Q탑 등의 별로 좋지 않은 메이드를 가지고 있을 때는 마지막(저녁)까지 베팅을 하려면 춥게 느껴지고 꺼려지는 것이 당연하다. 그렇기에 특별한 상황이 아니라면 보통은 삥 또는 체크 등으로 그 판을 마무리하려고 한다. 그런데도 마지막까지 하프베팅을 굳세게 한다는 것은 '아주 잘 맞은 상황'이든지, 그게 아니면 '공갈로 상대를 죽이려 하는 상황' 두 가지 중 하나일 가능성이 매우 높다고 봐야 한다.

그렇다면 아주 잘 맞았든지 아니면 공갈인데 매번 잘 맞는 것이 쉽지 않다는 점을 감안하여, 이러한 사람이 마지막에 베팅을 하고 나왔을 때는 간혹 한 번씩 콜을 하여 확인해볼 필요가 있다는 것이다.

5. 추라이가 좋을 때는 공갈을 시도하지 않는다

로우바둑이게임을 하다 보면 "저거 분명히 공갈 같은데, 내 추라이가 너무 없어서 콜을 못하네"라고 하는 말을 상당히 자주 듣게 된다.

실제로 여러분의 추라이가 너무 나빠서, 예상대로 상대방이 공갈이라 할지라도 추라이에서 질 것 같아 확인을 못하는 경우도 있는 것이 사실이다. 그러나 만약 상대방이 미리 스테이를 하고서 마지막까지 베팅을 하고 나왔는데 상대방의 카드가 공갈이라고 느껴질 경우에는 상대방의 추라이는 크게 신경 쓰지 않아도 괜찮다. 추라이가 좋은 상황에서는 거의 모든 사람들이 공감을 시도하지 않기 때문이다.

바꿔 말해, 추라이가 좋을 경우에는 누구라도 '뜨면 크게 이길 수 있는 상황이고, 또 더러는 전부 다 못 뜨게 되면 추라이로 이길 수 있을지도 모르는데……'라는 기대감을 가지게 되는 것이 자연스러운 현상이다. 따라서 추라이가 좋을 때는 거의 공감을 시도하지 않는 것이 보통이다.

그렇기에 만약 상대가 공감이라고 느껴진다면, 그것을 대응하는 이쪽의 추라이는 6 정도면 가능하다. 다시 말해 상대가 공감을 시도한 상황이라고 느껴진다면 상대의 추라이가 특별히 좋지 않다고 예상되므로, 6 정도의 추라이로서 충분히 승부해볼 수 있다는 이야기다.

6. 코앞에서 레이즈를 하는 것은 좋은 카드가 아니다

앞에서 베팅을 하고 나왔는데(자신의 뒤에 사람들이 많이 있는데도) 바로 다음 순서에서 레이즈를 한다는 것은 한마디로 표현해 뒤에 있는 사람들을 모두 데리고 가기 싫다는 의미로 해석해야 한다.

본인의 카드가 특별히 자신 있는 상황이 아니기에, 코앞에서 레이즈를 하여 베팅의 부담을 줌으로써 뒷사람들을 기권시키려는 방법이라는 것이다. 그러므로 코앞에서 레이즈를 하는 사람의 카드는 '특별히 좋은 메이드가 아니다'라고 보아도 무방하다는 이야기며, 때로는 공감이 나올 확률도 있다.

로우바둑이게임을 조금이라도 해본 사람이라면 누구라도 자신이 아주 좋은 메이드를 가지고 있을 때는 바로 앞에서 베팅을 하고 나오면 콜만 하고서 뒤에 있는 사람들을 모두 데리고 가려고 하기 때문이다. 따라서 앞의 설명을 이해하여, 코앞에서 레이즈를 했던 사람의 카드를 어느 정도 예상하고서 대응해 나간다면 효과적인 방법을 선택할 수 있다.

하지만 코앞에서 레이즈를 했더라도 레이즈를 한 사람이 2컷이나 3컷을 한 상태라면 이때는 이야기가 약간 달라진다. 2컷이나 3컷을 했을 때는 레이즈를 하더라도 대부분 아주 좋은 카드라고 인정해주지 않는 것이 보통이기 때문에, 큰 승부를 노리고 코앞에서 레이즈를 하며 판을 한껏 키우는 경우도 생길 수 있기 때문이다(이 부분에 대한 자세한 설명은 '뒷집을 달지 말아야 할 때' 단락을 참고하기 바란다).

7. 밀어내기에는 밀려줘라

지금의 이 이야기야말로 너무도 쉽지만 또 너무나 어려운, 하지만 로우바둑이게임에서 좋은 성적을 얻기 위해서는 반드시 갖추어야 할 마음가짐이다.

로우바둑이게임을 즐기는 사람들이라면 지금의 이 말이 무엇을 의미하는지 모르는 사람은 없을 것이다. 누구든 쉽게 알 수 있고 누구든 쉽게 실행에 옮길 수 있는 말이다.

그러나 실전에서 상대가 밀어내기를 하는 것 같다고 느껴질 때 밀려주는 것은 참으로 어려운 결정이다. 특히 패턴스테이나 아침에 3컷 스테이 등으로 누구든 약하게 보고 밀어내기를 시도하고 싶은 욕망을 느낄 때라면 더욱 밀리기 싫어지는 것이 모든 사람의 공통된 심리다.

여러분이 아침커트에 한 장을 바꿔서 10탑을 맞췄을 때, 점심이나 저녁에 상대에게서 레이즈가 나오면 이때는 누구라도 주저 없이 카드를 꺾으려는 생각을 먼저 하게 된다. 여러분이 한 장을 바꾸고 스테이를 한 것이기에 상대들이 공갈을 시도하기 힘든 상황이라고 느끼기 때문이다. 그리고 실제로도 이러한 생각은 올바른 판단이다.

하지만 여러분이 패턴스테이나 아침3컷에 10탑이 맞았다면 이때는 점심이나 저녁에 상대가 레이즈를 하며 강하게 나오더라도 카드를 꺾기가 싫은 기분을 먼저 느낀다. 바로 '나를 약하게 보고 공갈로 밀어내기를 하는 것이 아닌가?' 하는 의구심 때문이다.

이것 역시 올바른 생각이다. 그러나 올바른 생각이라 할지라도 그것은 생각으로 그치고 실전에서는 밀려줘야 한다. 물론 그렇다고 해서 열 번이면 열 번 모두를 밀려주라는 것은 아니다. 열 번 중 여덟 번 정도는 밀려준다는 마음가짐을 가지고 있으라는 의미이다.

로우바둑이게임에서는 5탑, 6탑 등 서로가 아주 좋은 족보를 가지고 있어서 큰 승부가 걸리는 일도 벌어지지만 그것은 확률적으로 그리 높지 않다. 5탑이나 6탑 같은 좋은 족보를 두 사람 이상이 동시에 잡을 가능성이 희박하기 때문이다.

하지만 패턴스테이집이 있어 처음부터 판이 커져 있는 상황에서 점심이나 저녁때 상대 중 누군가가 레이즈를 하며 큰 승부가 벌어지는 것은 자주 일어나는 현상이다. 이것은 어찌 보면 당연한 일이다.

첫째, 패턴스테이집이 있음으로 인해 아침커트 전부터 판이 자연히 커진다.
둘째, 스테이를 하고 있는 사람은 아침, 점심커트 때마다 계속 베팅을 먼저 하게 되는 상황이기에 상대의 입장에서는 매번 레이즈 찬스를 가지고 있다.

셋째, 패턴스테이집의 입장에서는 상대가 레이즈를 하더라도 죽기가 싫고, 상대 입장에서는 공갈을 시도하고 싶은 욕망을 강하게 느낀다.

대략 이러한 이유로 의해 패턴스테이나, 아침3컷 스테이가 있을 경우에는 서로 별것 아닌 족보들을 가지고도 큰 승부가 자주 만들어진다.

그래서 로우바둑이게임의 초보자들은 패턴 9탑이나 10탑 등의 족보를 가지고 생각지도 못했던 엄청난 금액을 상대에게 넘겨주는 우를 자주 범하곤 한다. 그리고 그 이유는 바로 밀리기 싫다는 잘못된 마음가짐 때문이다.

♠ 공갈을 잡으려 하지 마라

로우바둑이게임에서 상대의 패를 인정해주지 않고 확인을 일삼는 행동이야 말로 좋은 성적을 얻는데 가장 암적인 요소 중 하나다. 만약 상대가 공갈을 시도한 것이라 하더라도 상대의 입장에서는 여러분이 죽지 않으면 바로 꼬리를 내리고 작전을 바꿀 수 있다. 그리고 진짜로 좋은 패를 가지고 있다면 당연히 끝까지 베팅을 계속할 것이다.

하지만 여러분의 입장에서는 상대의 의도가 밀어내기라고 본 이상 끝까지 따라가며 확인을 해야 한다. 즉, 먹을 때는 별로 못 먹고, 질 때는 큰 금액을 넘겨주게 된다는 말이다. 이렇게 이야기하면 여러분은,

"그러면 나도 상대가 끝까지 계속 베팅하면 마지막에는 인정하고 죽으면 되지 않는가?"

라고 주장할지도 모르겠다. 하지만 사람의 심리상 처음에 공갈이라고

생각하고 승부를 걸어 확인을 하겠다고 마음먹은 이상 나중에 그 마음을 돌리기는 쉽지 않은 법이다.

이때는 이미 어느 정도 돈도 들어가 있고 또 서로의 기세싸움이 더해져 마지막 순간에,

'아, 저건 공갈이 아니구나.'

라고 생각을 고치기가 어려워지는 것이 보통이다. 그렇기에 지금의 말처럼 마지막 순간에 생각을 바꿀 수 있는 사람은 이미 어느 정도 수준 이상에 올라 있는 고수라 할 수 있다. 그래서 로우바둑이게임에서는 꼭 패턴스테이나 아침3컷 스테이일 때 뿐만 아니라, 2컷 스테이든, 탑 스테이든, 어떤 경우에라도 여러분이 좋은 패를 가지고 있지 않을 때 상대가 레이즈를 하며 강하게 나올 때는,

'지금까지 들어간 돈이 얼만데…….'

'또 공갈로 밀어내기 하는 거 아냐?'

라는 식의 미련을 가지지 말고 그냥 편안하게 밀려줄 줄 아는 여유 있는 마음가짐을 가지라는 것이다. 즉, 공갈이라도 베팅을 잘했기 때문에 이길 자격이 있다는 식으로 생각해주고, 그 공갈을 억지로 잡아내려는 운영을 하지 말라는 의미다. 그리고 이러한 마음가짐이 바로 로우바둑이게임에서 만수무강할 수 있는 지름길임을 깨달아야 한다.

로우바둑이게임과
세븐오디게임의 족보 비교

로우바둑이게임 족보		비슷한 위력을 가지는 세븐오디게임에서의 족보
A-2-3-4	퍼펙트	스트레이트 플러시, 포 카드 이상
A-2-3-5 A-2-4-5	세컨드, 서드	포 카드, A풀하우스, K풀하우스
A-3-4-5 2-3-4-5 A-2-3-6	로우-5, 퍼펙트6	(10~Q) 풀하우스
A-2-4-6 A-3-4-6 2-3-4-6	'5'가 없는 로우-6	(7~9) 풀하우스
A-2-5-6 A-3-5-6 2-3-5-6	'5'가 있는 로우-6	낮은 풀하우스
A-4-5-6 2-4-5-6 3-4-5-6 A-2-3-7 A-2-4-7	'4', '5'가 있는 로우-6 퍼펙트-7	탑이 좋은 플러시

로우바둑이게임 족보		비슷한 위력을 가지는 세븐오디게임에서의 족보
A-3-4-7 2-3-4-7 A-2-5-7 ... 3-4-5-7	'6'이 없는 로우-7	플러시, 하이 스트레이트
A-2-6-7 A-3-6-7 2-3-6-7 ... 4-5-6-7	'6'이 있는 로우-7	스트레이트
A-2-3-8 A-2-4-8 2-3-4-8 ... 3-4-5-8	'6', '7'이 없는 로우-8	높은 트리플
A-2-6-8 A-3-6-8 ... 5-6-7-8	'6' 또는 '7'이 있는 로우-8	낮은 트리플
로우-9		하이 투 페어
로우-10		투 페어
로우-J 로우-Q 로우-K		낮은 투 페어, 하이 원 페어

Q 3

당신은 이때 어떻게 하시겠습니까?

여섯 명의 게임이고 여러분의 베팅 위치는 앞에서 두 번째다.

• 아침커트 전 베팅 상황 : A-베팅, B(여
러분)-콜, C-콜, D-콜, E-콜, F(딜러)
= 레이즈

A, 여러분, C, D, E = 모두 콜

여섯 명이 모두 승부에 참가했고 아
침커트 순서다. 가장 앞에 있는 A가 2컷
을 했고 여러분의 차례다. 여러분의 패는 아래의
그림과 같다.

자 여기서 여러분은 몇 장을 바꾸고 승부를 하겠는가?

㉠ 한 장을 바꾸고 3-4-8로 승부한다.

㉡ 두 장을 바꾸고 3-4만 가지고 간다.

〈답〉

많은 갈등이 생기는 상황이다. 지금과 같은 상황이라면 ㉠과 ㉡ 모두 장단점이 있고 선택할 수 있는 방법이다. 그렇지만 반드시 둘 중 한 가지를 선택해야 한다.

게임 중에 상당히 자주 접하게 되고 또 상당히 머리가 아픈 경우 중 하나다. 다음에 들어올 카드를 미리 알 수만 있다면 얼마나 좋을까? 그러나 로우바둑이게임을 하다 보면 이보다 훨씬 더 선택이 어렵고 머리가 아픈 경우가 수없이 발생한다. 이 정도 선택으로 머리가 아파서는 안 된다는 이야기다.

따라서 이 순간 이후로는 여러분의 베팅 위치가 여섯 명 중, 앞에서 첫 번째나 두 번째일 때(베팅 위치가 나쁠 때)는 주저하지 말고 두 장을 바꾸는 선택을 하라. 그리고 여러분의 베팅 위치가 딜러나 딜러의 바로 우측일 경우(베팅 위치가 좋을 때)에는 한 장을 바꾸고 승부를 거는 방법을 선택하라.

여러분의 베팅 위치가 중간 정도일 경우에는(여섯 명 중 3, 4번의 위치) 그때그때 상황에 따라 여러분이 하고 싶은 선택을 하면 된다.

이 부분에 대한 자세한 설명은 중급편 초이스 '3-4-8과 4-5-8의 차이' 단락을 참고하기 바란다.

정답 : ㉡

4장 게임 운영법

　　지금부터 말씀드리는 실전이론은 로우바둑이게임에서 반드시 알고 있어야 할 실전 운영에 관한 기본 전략들이다. 그렇기에 앞에서 다루었던 초이스나, 베팅, 공갈 등의 이론은 물론, 게임에 임하는 마음가짐이나 상황에 따른 판단 능력, 반드시 알아두어야 할 게임 운영법 등을 종합해서 알려주는 단락이다. 따라서 앞에서 설명했던 부분과 의미가 중복되는 이론도 있을 것이다. 하지만 중요성을 감안해 필요하다고 생각되는 부분만을 엄선하여 재차 강조하는 것이므로 여러분들의 이해를 바란다.

　　또한, 중급자 이상의 분들을 위해 게임 운영에 관한 좀더 상세하고 고차원적인 부분은 뒤에서 다시 한 번 설명하도록 하겠다. 그러니 이 단락에서 로우바둑이게임의 운영에 대한 전반적인 흐름을 터득한 후, 뒤에서 더욱 수준 높은 고급기술을 배우게 될 것이다.

　　그러면 꿈에서도 잊지 말아야 할 실전 기본 전략에 대해 상세히 알아보기로 하자.

1. A-2-3 추라이는 K탑에게 진다

이것은 로우바둑이게임을 하는 한 절대로 잊어서는 안 될 가장 중요한 이야기다.

너무나도 당연한 것처럼 생각되겠지만, 이 말의 진정한 의미는 추라이가 좋다고 하여 미리 스테이를 하고 있는 메이드집과 승부하는 것을 피하라는 뜻이다.

일반적으로 하수들일수록 추라이가 아주 좋을 경우에는 상대방이 미리 스테이를 하고 있는 상황에서도 마지막 커트까지 죽지 않고 따라가려고 한다.

'추라이가 이렇게 좋은데 왜 죽어? 뜨면 이기는데……'

'이렇게 좋은 카드로 죽으라면 어떤 카드로 승부하라는 거야.'

라며 끝까지 시도하는 것이 하수들의 가장 큰 특징이며 또한, 가장 좋지 않은 면이고, 항상 올인이라는 성적표를 받을 수밖에 없는 결정적인 이유다. 물론, 상대방이 스테이를 했다고 해서 100% 메이드라고 인정할 수는 없고, 또 간혹은 멋진 카드를 떠서 전세를 역전시키는 경우도 있다.

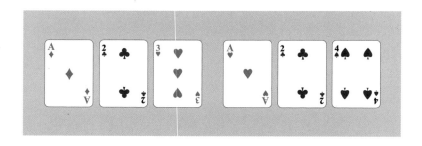

그렇지만 보통의 경우 A-2-3의 추라이를 가지고서 8탑 정도를 만들면 승부가 된다고 가정했을 때, 마지막에 메이드를 만들 확률은 4, 5, 6, 7, 8 중에 한 장을 떠야 하므로 대략 5/43(약 11.6%) 정도밖에 안 된다. 아홉 번에 한 번 정도 가능성이다. 그리고 8탑으로 맞춰도 이기지 못하는 상황이라면 확률은 더 희박해진다. 더구나 마지막 커트라면 큰 부담을 안고 들어가서 어렵게 원하는 카드를 만들더라도 이에 상응하는 큰 배당이 보장되어 있지 않다. 이때는 상대방이 반드시 베팅을 해주지 않는다는 뜻이다.

그렇기 때문에 상대방이 스테이를 하고 있는 상황에서 여러분의 추라이가 아주 좋다면 점심(두 번째)커트까지는 죽을 수 없는 것이 틀림없다. 하지만 저녁(마지막)커트에 가서는 부담도 크게 따르고, 투자액 대비 배당도 그만큼 줄어드는 것이기에 특별한 경우가 아니라면 카드를 꺾을 줄 알아야 한다.

물론 '왠지 이번에는 죽어도 뜰 것 같다'든가, '앞에서 콜을 한 사람들이 많아서 배당이 아주 좋은 경우' 같은 때는 콜을 하고서 마지막 한 번의 기회를 노려볼 수도 있다. 하지만 기본적으로는 아무리 추라이가 좋더라도 마지막 커트에서 스테이집과의 1 : 1 승부는 피해야 한다는 것이 로우바둑이게임을 하는 한 가장 먼저 마음속에 새겨 두어야 할 승리 수칙 제1조 1항이다.

로우바둑이게임에서 항상 올인을 당하는 하수들은 지금의 이야기 한 가지만 명심해도 엄청난 효과를 즉시 피부로 느낄 수 있으리라고 감히 장담한다.

2. 패턴스테이를 즐기지 마라

하수들의 또 한 가지 큰 특징 중 하나가, 패턴스테이가 되면 8탑이든, 9탑이든, J탑이든 베팅 위치가 어디든, 상대가 몇 명이든 거의 무조건적으로 스테이를 하고 마구 베팅을 휘두른다는 점이다. 그러나 이제부터는 절대로 이러한 운영을 해서는 안 된다.

일반적으로 패턴스테이에서 좋은 메이드가 나오는 경우는 아주 드물다. 따라서 패턴스테이를 하면 일단 상대들은 '저거 별 볼 일 없는 패꼈지'라며 만만히 보고 중간에 한 번은 레이즈를 하며 흔들어보는 경우가 아주 많다.

그런데 대부분의 하수들이 실제로 별로 좋지 않은 메이드로 패턴스테이를 하는 경우가 많기 때문에 상대의 패가 공갈이든 진카드든 계속되는 베팅을 견디기가 어렵다. 그러니 좋지 않은 메이드로 패턴스테이를 했다가 중간에 레이즈를 맞고서 죽는, 그러한 운영은 아예 시작하지도 말라는 것이다.

물론 이 경우에 상대방을 공갈로 보고 끝까지 승부하려 한다면 좋지 않은 메이드로 패턴스테이를 할 수도 있겠지만, 그것은 너무 큰 위험부담이 동반되므로 좋은 운영 방법이라고 할 수 없다. 그렇다고 10탑, J탑 등으로 패턴스테이가 되었을때 항상 스테이를 하지 말고 바꾸라는 것은 아니다. 상황에 따라 승부할 수 있는 경우도 있지만, 기본적으로는 바꾸는 운영을 먼저 생각하라는 것이다. 그러나 패턴스테이에 9탑 또는 더 좋은 8탑, 7탑 등으로 메이드가 된 경우라면 꽤 훌륭한 족보이기에 상황 판단을 잘해 충분히 승부해볼 만하다.

물론 A-2-3-5를 잡고 A-2-3-4에게 지는 경우도 나올 수 있듯이, 패턴스테이에 9탑이라고 하여 스테이를 하고 승부하고, 10탑이라고 하여 처음에 바꿔야 한다는 식의 기준이 정해져 있는 것은 아니다. 하지만 대략적으로 그 마지노선을 9탑 정도로 잡는 것이 여러 면에서 많은 효과를 거둘 수 있는 기본적인 정석이라고 할 수 있다.

그러므로 기본 정석을 숙지한 후에 게임하는 사람의 수, 상대들의 스타일, 베팅 위치, 자금 상황, 그리고 그때그때의 분위기 등등 여러 가지를 종합하여 여러분들 나름대로의 확실한 기준을 만들어 두기 바란다.

3. 자신이 딜러를 하는 판에 승부를 걸어라

지금의 이론이야말로 로우바둑이게임에서의 철칙이며, 아무리 그 중요성을 강조해도 지나치지 않는다.

일반적으로 하수들일수록 자신이 딜러를 하는 위치이든, 자신의 베팅 위치가 가장 나쁜 위치이든 전혀 개의치 않고서 게임을 운영하는 경향이 많다. 그러나 앞에서도 이야기했듯이, 자신의 베팅 위치에 따라 카드의

초이스에서부터 베팅 요령, 공감 시도 및 대응, 게임 운영 등 모든 것이
완전히 바뀌어야 한다. 아울러 자신의 베팅 위치가 뒤쪽에 있을수록 점
점 유리한 상황에서 승부를 걸 수 있다는 점을 명심해야 한다.

　그렇기에 자신이 딜러를 하는 판에서는 아침커트 전에 레이즈를 하여
판을 키워놓는 것이 유력한 효과를 가져다주는 경우가 많다. 물론 때로
는 피해를 입는 경우도 있을 수 있다. 하지만 자신에게 돌아오는 이득의
가능성이 피해의 가능성보다 많다고 한다면 그것은 분명히 시도해볼 가
치가 있으며 또, 시도할 줄 아는 배짱을 가져야 고수가 될 수 있다.

　로우바둑이게임에서 '베팅 위치의 선과 후'의 차이에 따라 게임의 판도
가 180도 달라지는 경우를 필자는 참으로 많이 경험해왔다. 그리고 그
결과는 당연히 '베팅 위치가 나빠서 큰 피해를 보았다, 많이 먹을 걸 못
먹었다' 또는 '베팅 위치가 좋아 큰 위기를 벗어났다, 생각지도 못했던
큰 승리를 얻었다'라는 식이다. 이 부분에 대해서는 뒤의 '베팅 위치만 좋
다면 신과도 승부한다' 단락에서 상세히 설명하겠다.

4. 많이 죽을수록 승률은 올라간다

　이 말은 150여 가지 모든 포커게임 종류 중 단 한 종목에서도 예외 없
이 적용되는 포커 세계의 명언 중 명언이다. 그러나 로우바둑이게임을 하
는데 카드를 한 장 더 볼 수 있는 기회가 남아 있는 상황에서, 자제하고
카드를 꺾기란 참으로 쉽지 않다. 자신에게 돌아올 카드가 궁금하지 않
은 사람은 없기 때문이다. 하지만 그러한 욕구를 자제하지 못하고 보고

싶은 카드 다 보고, 띄워보고 싶은 카드는 모두 띄워보려고 한다면 그 사람은 게임에서 이길 수 없다고 단언한다.

게임을 하다 보면 고수들일수록 상대방이 미리 스테이를 하고 있을 때는 자신의 추라이가 아무리 좋아도 웬만해서는 승부를 피한다는 것을 금방 느낄 수 있다(마지막 커트일 경우). 이것은 로우바둑이게임 고수들의 가장 큰 특징 중 한 가지다. 만약 이렇게 하지 않고도 게임에서 이길 수 있는 사람이 있다면, 그것은 그날 그 사람의 패가 속된 말로 불패가 뜨든지 아니면 상대방들이 모두 아주 하수들만이 있을 때일 거라고 감히 장담한다.

누차 언급했듯이 아주 짧은 시간 동안 게임을 하는 것이 아니라면 로우바둑이게임을 하면서 보통의 경우 누구에게든 패가 뜨는 찬스는 비슷한 비율로 돌아간다. 그런데 자신에게 패가 뜨지 않는 동안에 입은 피해가 몹시 큰 경우에는, 패가 뜨는 기회가 왔을 때 그동안 자신이 입었던 피해를 복구하지 못한 채 기회가 다른 사람에게로 다시 넘어가버리게 된다.

결국 로우바둑이게임이란 것이 이와 같은 순환을 되풀이한다고 가정했을 때(아주 특별한 날을 제외하고는), 기회가 왔을 때 자신이 입었던 피해를 복구하지 못하는 사람에게 돌아오는 결과는 불을 보듯 뻔하다. 그리고 그 반대의 사람은 당연히 좋은 결과를 얻게 되며 이것이 바로 최후의 승자와 패자의 갈림길이 된다.

'기회가 왔을 때 자신이 입었던 피해를 완전히 복구하지 못한다'라는 것은 곧 피해를 입는 과정에서 무리한 승부나 어려운 시도가 많았다는 것을 의미하며, 동시에 자신의 패가 뜨는 기회에서는 효과적인 소득을 올리지 못했다는 결론으로 자연스럽게 이어진다.

세계에서 자장 많은 포커 테이블을 가지고 있는 세계 포커의 메카 L.A. 커머스Commerce에 필자가 처음 갔을 때의 일이다. 게임 중에 잠시도 쉬지 않고 '떠벌거리는' 사람이 필자의 옆에 앉아 있었는데, 바로 한국 사람(편의상 K라고 하자)이었다.

그런데 이 K는 두 시간여 동안 거의 매판 게임에 참가하는 것이었다. 그랬으니 좋은 성적을 낼 리는 만무한 일. 20~30분이 멀다 하고 계속 돈을 꺼내놓고 있었다. 필자는 속으로 '이 사람은 포커를 처음 하는 건가? 아니면 돈이 하도 많아 주체할 수 없는 사람인가?'라고 생각하며 유심히 K를 관찰했다.

그리고는 한 시간이나 더 지났나, 갑자기 K가 "오늘 진짜 카드 안되네"라고 말하며 심각한 표정을 짓는 것이었다. 순간 필자는 너무도 어이가 없었다.

필자가 볼 때 K는 패를 떠보는 재미로 하든지, 아니면 돈을 잃어주기 위해서 하든지 둘 중 하나였기에 도저히 이길 수가 없는 게임을 하고 있었는데도, 정작 당사자인 K는 자신의 플레이에 아무런 문제가 없는 정상적인 운영이라고 생각하고 있었던 모양이다. 결국 조금 더 시간이 지난 후 K는 가진 돈을 모두 잃었는지 몹시 아쉬운 표정으로 자리에서 일어났다.

게임 중에 K가 "오늘 진짜 카드 안되네"라고 했는데, 그렇다면 과연 K가 "오늘은 게임 잘되네"라고 말할 수 있는 날이 1년 중 며칠이나 있을까? 그리고 잘되는 날이라면 이길 수는 있는 것인가? 라는 생각이 들며 같은 한국 사람으로서 K에게 연민의 정이 느껴졌다.

♠ 딜러 한 명당 한 판만 게임에 참가하겠다

필자가 알고 있는 라스베이거스의 한 유명한 갬블러인 M은 입버릇처럼 "나는 딜러 한 명당 한 판만 플레이한다"라고 말한다.

라스베이거스에서는 딜러를 30분마다 교체하니 M의 말인즉 30분에 한 판만 게임에 참가한다는 의미다. 물론 M이 반드시 그 말대로 하지는 않겠지만, 그만큼 확실한 패만 가지고 승부하겠다는 각오를 읽을 수 있다. 그리고 실제로 M의 성적은 아주 뛰어나다.

물론 확실한 패만 가지고 승부한다고 하여 반드시 게임에서 좋은 성적을 낼 수 있다는 것은 아니다. 하지만 조금이라도 높은 승률을 올릴 가능성이 많다는 사실만은 명심해야 한다.

따라서 게임에서 좋은 승률을 올리지 못하고 주로 패하는 하수들의 경우라면 좀 전에 언급했던 M의 말을 아주 신중하게 음미해볼 필요가 있으며, 또한 승률을 올릴 수 있는 아주 유력한 방법이 될 수도 있다.

그리고 이러한 사실을 거의 대부분의 사람들이 이미 다 알고 있다. 그런데 아주 재미있는 사실은 항상 성적이 안 좋고 또, 이러한 M의 이론을 알고 있는데도 실전의 게임에서 M과 같은 플레이를 하는 사람은 거의 없다는 점이다. 그리고는 게임에서 항상 나쁜 성적을 기록하면서도,

'그럴 바엔 집에서 애나 보지 뭐하러 게임을 해?'

'남자가 치사하게 어떻게 그런 플레이를 하나?'

라는 식으로 일축해버리니 알다가도 모를 일이다.

물론 잘 아는 친구들끼리 하는 게임이라든지, 돌잔치, 집들이처럼 친

목 도모 수준의 그런 게임이라면 필자도 M과 같은 식으로 플레이를 하라고 이야기하고 싶지는 않다. 그런 게임에서까지 '지나치게 코를 판다'든지, '참가 좀 해라'라는 식의 핀잔을 다른 사람들에게 듣는 것은 자존심상 허락하지 않을 수도 있기 때문이다.

하지만 그런 수준을 넘어서서 졌을 때, 피해액이 웃으며 받아들일 수 있는 범위를 넘는 그런 게임이라면 이때는 일단 이기고 지는 것이 가장 중요하다. 그렇기에 이런 게임에서라면 상대들에게 핀잔을 듣는 게 싫다든지, 남자가 치사하게, 라는 식의 기분 때문에 좋은 승률을 올릴 수 있는 운영을 마다해서는 절대 안 된다.

♠ 프로에게는 구찌나 신경전도 실력

실제로 일류들 간의 게임에서도 상대가 너무 타이트한 플레이로 일관하면 옆에서 말로 신경을 건드리는 것은 아주 흔한 일이다. 그래서 간혹 그런 신경전에 걸려들어 페이스가 무너지며 낭패를 당하는 경우를 필자는 수없이 보아왔다.

그렇기에 일류들 간의 게임에서는 옆에서 누가 뭐라고 하든 흔들리지 않고 자신의 스타일을 잘 유지하는 것이 아주 중요하다. 그래서 '프로에게는 구찌나 신경전도 실력'이라고 하는 것이다.

물론 여러분의 실력이 뛰어나서 이렇듯 타이트한 플레이를 하지 않고도 좋은 성적을 낼 수 있다면 굳이 지금의 이론을 따를 필요는 없다. 매번 판을 흔들고 게임을 리드하며 좋은 성적을 낼 수만 있다면 그것은 두말할 필요 없는 최선의 운영 요령이기 때문이다.

하지만 판을 흔드는 기술은 아무나 할 수 있는 쉬운 기술이 아니기 때문에 잘못 흉내를 내어서는 큰 낭패를 볼 수 있으므로 반드시 실력을 갖춘 후에 사용해야 한다. 하지만 여러분의 실력이 뛰어나지 못해 게임에서 안 좋은 성적을 기록하는 쪽이라면 조금 전에 이야기했던 라스베이거스의 M이라는 갬블러의 운영 방식이 여러분에게 적지 않은 도움을 줄 것이 틀림없다.

　지금의 이야기를 잘 이해하고 로우바둑이게임을 포함한 어떤 종류의 포커게임에서도 친선이 아닌 진검승부의 게임에서는 쓸데없는 콜과 무리한 승부를 최대한 줄여야 한다. 그리고 다음번 패를 떠보고 싶은 마음을 자제하면서, 자신에게 패가 뜨는 찬스가 왔을 때 승부를 하겠다는 각오를 가지고 게임에 임한다면 그것에 비례하여 승률도 반드시 좋아지리라고 확신한다.

5. 좋은 패는 딜러가 주지만 이기는 패는 자신이 만든다

　로우바둑이게임이 세븐오디게임과 다른 점 가운데 한 가지는, 세븐오디게임에서는 처음에 초이스를 하고 난 이후로는 자신에게 오는 카드를 기다려야 하는 입장이기에 페어 쪽의 추라이를 하다가 갑자기 플러시 쪽으로 방향을 돌리는 식의 변신이 자신의 의사에 의해 바뀌지 않는다는 부분이다.

　하지만 로우바둑이게임에서는 매번 커트 때마다 바꾸는 카드의 숫자가 제한되어 있지 않기 때문에 본인의 의사에 따라 한 장을 바꾸고서 8 또는 9를 가지고 가서 메이드를 우선적으로 시키려고 하는 작전을 쓸

수도 있으며, 똑같은 카드의 상황에서 8 또는 9를 버리고 두 장을 바꿔 6
이나 7 정도까지만 가지고 가는 스타일로 게임 운영을 하는 사람도 있다.

그리고 아침커트에서는 메이드를 만들기 위해 안 좋은 추라이를 가지
고 한 장만 바꿨다가 상대들의 상황에 따라 점심때는 작전을 바꿔 두 장
또는 세 장을 바꿀 수도 있다.

이해를 돕기 위해 다음 그림을 보도록 하자.

이와 같은 카드를 가지고 있을 경우에 어떤 사람은 ♥K 한 장을 버리
고 9 추라이를 가지고서 메이드를 노릴 것이며, 또 다른 사람은 ♥K와
◆9 두 장을 버리고 좀더 좋은 메이드를 시도하기도 한다. 또는 극단적
으로 세 장을 바꾸는 것도 선택할 수 있는 방법이다. 이때 어느 쪽이 항
상 올바른 방법이며 어느 쪽이 언제나 잘못된 방법이라고는 절대로 단정
지어 결론을 내릴 수 없다. 왜냐하면 이러한 카드가 들어왔을 때의 여러
가지 상황,

① 몇 번째 커트인가
② 몇 명이 하는 게임인가

③ 베팅 위치는 어디인가
④ 타이트하게 운영하고 싶은 상황인가
⑤ 상대들의 스타일은 어떤가

등을 종합하여 판단해야 하는 것이기에, 앞의 그림과 같은 카드가 들어왔을 경우에 '무조건 한 장을 바꿔야 한다'라든가 '절대로 두 장을 바꿔야 하는 카드'라는 식의 결론은 누구도 내릴 수가 없다.

그렇지만 로우바둑이게임을 하는 한 반드시 가지고 있어야 할 가장 중요한 습관이 바로, 카드를 적게 바꿔 가능하면 남들보다 빨리 메이드를 만들려고 노력해야 한다는 점이다. 즉, 가능하면 한 장을 바꿔 승부하는 길을 제일 먼저 생각해보라는 것이다.

이 점은 로우바둑이게임에서 고수가 되기 위한 절대적인 요소다. 그러나 앞에서도 언급했듯이 항상 한 장만 바꿔서 승부하는 상황만 있는 것은 아니기 때문에 경우에 따라서는 두 장 이상을 바꿔야 할 때도 있다. 그렇다면 어떤 경우에 두 장 이상을 바꿔야 하는지 알아보도록 하자. 앞에서 설명한 ①~⑤까지의 상황에서,

① 남아 있는 커트의 기회가 많을수록
② 사람 수가 많을수록
③ 베팅 위치가 나쁠수록
④ 타이트하게 게임 운영을 하고 싶을 때
⑤ 상대방들이 베팅을 심하게 하는 스타일일수록

위와 같은 상황이라면 한 장을 바꾸는 것보다는, 두 장 이상을 바꾸는

것이 정답에 가깝다. 하지만 기본적으로는 언제나 '빨리 메이드를 만들 수록 좋다'라는 신념을 가지고 있어야 하며, 그럼으로써 여러분의 승률이 높아진다는 것을 명심해야 한다.

♠ 상대보다 먼저 메이드를 만들어 승부하는 길을 찾아라

로우바둑이게임에서는 하수들일수록 항상 커트 수가 많은 법이다. 커트 수가 많다는 것은 결국 항상 좋은 추라이를 노리는 것이며 또한, 남들보다 한발 늦게 메이드를 만들게 되는 먼 길을 돌아가는 셈이다. 이제는 그러한 운영이 득보다 실이 많다는 점을 깨달아야 한다.

모든 포커게임이 그러하듯이 로우바둑이게임에서도 가장 중요한 것은 '상대방에게 이길 수 있는 카드를 가지고서 효과적인 배당을 만들어내는 것'이다. 여러분 혼자서 아무리 5탑, 6탑과 같이 엄청난 족보를 만들어도 상대가 그에 필적할 만한 족보를 가지고 큰 장사를 시켜주지 않는다면 효과적인 배당을 기대할 수 없다. 더구나 5탑, 6탑과 같은 좋은 족보는 여러분이 만들려 한다고 해서 쉽게 만들 수 있는 카드가 아니다. 다시 말해 그런 정도의 좋은 패는 딜러가 주는 것이라는 의미다. 하지만 8탑, 9탑 정도라면 딜러가 주기만을 기다려야 할 만큼 만들기 어려운 족보는 아니다. 여러분의 운영 여하에 따라 심심찮게 만들 수 있는 족보라고 볼 수 있다.

그렇기에 실속 없는 5탑, 6탑을 만들려고 먼 길을 돌아가는 노력의 낭비를 하지 말고, 상대보다 한발 빨리 8탑, 9탑을 만들어 승부할 수 있는 길이 있다면 그 길을 먼저 찾는 것이 유력할 때가 많다. 그래서 포커 세계에서는 '좋은 패는 딜러가 주지만, 이기는 패는 자신이 만든다'라는

말이 오래전부터 명언으로 내려오고 있다.

커트 수를 적게 함으로써 얻을 수 있는 또 한 가지 큰 장점은 바로 상대들에게 위압감을 준다는 것이다. 로우바둑이게임에서는 세 장보다 두 장을, 두 장보다 한 장을 바꾸는 것이 모든 상대들에게 훨씬 더 부담을 느끼게 하기 때문이다.

이제부터는 여러분들도 너무 좋은 추라이만을 고집하여 많은 카드를 바꾸는 우를 범하지 말고, 상황을 잘 판단하여 가능한 한 남들보다 먼저 메이드를 시키고서 승부하는 것도 유력한 운영 방법이 될 수 있다는 점을 명심하기 바란다.

6. 상대의 플레이를 부러워하지 마라

필자가 라스베이거스에 있을 때의 일이다.

라스베이거스에서 갬블을 거의 직업으로 삼고 있는 H라는 인물이 있었는데, 성격은 약간 외골수지만 필자에게는 잘 따르는 친한 후배다.

H는 라스베이거스에서 실전 포커게임을 잘하기 위해 담배도 끊고, 하루도 거르지 않고 헬스클럽에서 운동하고, 매일 아침 달리기를 하는 등 체력에도 많은 신경을 쓰는 친구였다. 거기에 기본적인 재능도 있었기에 H의 실전 성적은 꽤 좋은 편이었다.

H가 라스베이거스에 온 지 6개월 정도 지난 어느 날, 밤늦은 시간에 H에게서 전화가 왔는데 술을 한잔하고 싶다는 것이었다.

평소 술을 거의 하지 않는 친구라 약간 의아한 기분을 느끼며 약속 장

소에 도착하니 H는 이미 약간 취해 있는 듯한 모습으로 필자를 보자마자,

"형, 나 한국으로 돌아가야겠어⋯⋯."

라며 몹시 의기소침해 있었다. H는 평소 필자와 만날 때마다,

'아주 재수 없는 날만 아니면 이길 자신 있다.'

'좀더 큰판으로 옮겨야겠다.'

'라스베이거스 생활이 즐겁다.'

라는 식으로 항상 큰소리를 쳐왔기에 느닷없이 한국으로 돌아가겠다는 H의 말은 상당히 뜻밖이었다. H와 마지막으로 본 게 두 달 정도 전이었기에 그 사이에 무슨 일이 생긴 것임을 직감적으로 느꼈다. 그러면서 하는 말이 갑자기 게임에 대한 자신감을 잃어버렸다는 것이었다. 두 달 전까지만 해도 큰소리를 떵떵 치다가 갑자기 자신감을 잃었다는 게 이상하게 느껴졌다.

"왜? 무슨 일이 있었는데 그래?"

필자가 물어보자 큰 한숨을 내쉬며 하는 말인즉, 최근 들어 계속 성적이 너무 안 좋다는 것이었다. 필자가 알고 있는 H의 실력을 감안했을 때 그렇게 급격히 무너질 스타일은 아니었기에 몹시 의외였지만 H가 거짓말을 할 리는 없었고, 실제로 H의 말투나 행동도 자신감을 완전히 상실한 듯한 모습이었다.

♠ 공격적이든, 수비적이든 자신이 이길 수 있는 스타일을 찾아라

그래서 다음 날 H가 게임하는 모습을 살펴보고 같이 원인을 찾아보기로 했다.

필자가 H의 게임하는 모습을 본 것이 두 달도 더 지났기에 오래만에 H의 게임 모습을 보게 되었는데…….

시간이 별로 지나지 않아 필자는 바로 H의 플레이가 두 달 전에 보아 왔던 플레이와는 상당히 달라져 있다는 점을 느꼈다.

예전에는 타이트한 운영을 주로 하며, 간혹 기회를 잡아 한 번 씩 공갈을 시도하기도 하는 아주 타이트한 수비적인 스타일이었는데, 이날은 전혀 그렇지가 않았다. 게임을 성의 없게 하는 것은 아니었지만 예전과 비교했을 때 베팅이 몹시 거칠어져 있었다. 즉, 판판이 베팅을 주도하려고 하는 완전히 공격적인 스타일로 변한 것이었다.

물론 그렇다고 해서 공격적인 스타일이 수비적인 스타일보다 나쁘다는 뜻은 절대 아니다. 공격적이든 수비적이든 자신이 잘할 수 있는 스타일로 승리하는 것이 가장 중요한 부분이기 때문이다.

그런데 H는 공격적인 플레이를 구사하면서 그 운영이 매끄럽지가 못해 결과가 좋지 않다는 점이 문제였다. 그래서 필자는 H를 밖으로 불러내 왜 그렇게 갑자기 스타일을 바꿨는지 물어보았다. 그랬더니 H는 두 달 정도 전에 한국에서 온 후배를 알게 되어 꽤 친해졌는데 그 친구가 게임을 상당히 잘한다는 것이었다. 같이 게임을 하면서 보니 판판이 판을 흔들면서 게임을 리드하며 좋은 성적을 기록했다는 것이었다.

시원시원하게 베팅과 레이즈를 주도하고 돈까지 많이 따니 그 후배가 부럽고 멋있게 보이는 것은 당연한 일이었다. 그러한 후배를 보며 H는 자신의 실력에 약간의 불만과 회의를 느끼기 시작하며 급기야는 그 후배처럼 플레이를 해보고 싶다는 생각을 하게 된 것이다. 그러면서 어느 사이엔가 자신의 주특기였던 타이트한 수비적인 플레이를 버리고 판을 뒤흔드는 공격적인 스타일로 바꾼 것이었다. 그리고는 그 결과가 계속 좋지 않게 나타나자 자신의 원래 스타일로 돌아가려 했지만 한번 맛을 들인 공격적인 스타일의 매력을 완전히 잊기는 쉽지 않았다. 그때부터는 공격적인 스타일도 아니고, 수비적인 스타일도 아닌 어정쩡한 스타일로 갈피를 잡지 못하고 안 좋은 성적을 기록하다가, 최근 들어 다시 공격적인 스타일로 돌아섰지만 성적은 계속 나쁜 상태였던 것이다.

♠ 자신의 스타일에 자부심을 가져라

스포츠 경기든, 바둑이든, 골프든 이 세상 어떤 종류의 경쟁에서도 자신보다 고수가 있을 때, 그 고수에게 본받고 배워야 한다는 것은 반드시 필요하고 또 너무도 당연한 일이다. 하지만 고수에게 배우고 고수를 본받는다는 것은 고수가 가지고 있는 장점, 그 장점 중에서도 자기가 본받을 수 있는 것만 본받고 배워야 한다. 즉, 고수를 본받는다는 것이 무작정 고수를 따라하는 것이라고 생각해서는 아주 위험하다는 이야기다.

물론 경우에 따라서는 무작정 따라 해도 되는 경우가 있다. 그러나 본인이 소화하지 못할 부분까지 따라 한다면 그것은 득보다 실이 많은 위험한 흉내 내기에 지나지 않는다는 사실을 잊어서는 안 된다. 그렇기에 무작정 고수의 스타일을 따라 한다는 것은 너무도 위험하고 어리석은 발상임을 명심해야 한다.

사람이란 100명이면 100명 모두가 각각의 특성을 가지고 있다. 그렇기에 자신과 성격이나 특성이 다른 고수의 스타일을 따라 한다는 것은 거의 대부분의 경우 아주 큰 해로 돌아오게 된다. 바둑을 예로 들면 본인은 공격력이 좋고 싸움에 강한데, 계산에 강한 집내기 스타일의 고수를 본받으려 하는 것은 아주 위험한 생각이라는 것이다.

운동도 마찬가지다. 어떤 사람은 조깅이 좋고, 또 다른 사람에게는 수영이 필요하고, 또 필요에 따라서는 근육 운동이 필요한 사람도 있게 마련이다. 등산의 초일류 고수들이 등산 요령에 대해 초보자들에게 가르쳐줄 때 여러 가지 좋은 말들을 많이 해주지만, 그들의 이야기는 가장 마지막 결론에 가서 예외 없이 한 가지로 귀결된다. 그것은 바로 자신의 몸에 가장 맞는, 자신의 몸이 가장 잘 받아들일 수 있는 스타일을 택하라는 것이다. 남에게 아무리 좋은 스타일도 내 체력이 뒷받침되지 않거나, 내 몸에 맞지 않을 경우에는 오히려 해가 될 수 있기 때문이다.

이러한 우리 생활의 가장 기본적인 원리는 포커나 로우바둑이게임에서도 그대로 적용된다.

앞서 말했던 H는 필자가 보기에 꽤 괜찮은 감각을 가지고 있는 좋은 플레이어였다. 그런데 충분히 통할 수 있는 자신을 스타일을 가지고 있음에도 불구하고, 본인과 스타일이 전혀 다른 고수의 플레이를 보고 자신이 가지고 있는 장점을 잃어버린 전형적인 케이스였다.

타이트한 수비적인 스타일의 경우, 판을 휘젓는 호쾌한 스타일의 고수를 보면 대부분 부러움과 동경을 느끼게 된다. 우선은 자신이 못하는 플레이기 때문이고, 또 누가 뭐라고 하든 호쾌한 공격 스타일이 시원시원하고 멋있게 보이는 것은 사실이기 때문이다. 거기에다 게임에서의 성적 또한 뛰어났으니 H가 부러워하고 동경한 것도 충분히 있을 수 있는 일이다. 하지만 그러한 감정은 거기에서 끝내야 한다. 그런데 H는 감정에서 그치지 않고 그 플레이를 흉내 내려다가 엄청난 딜레마에 빠진 것이다.

필자가 보기에 H는 성격이나 여러 가지 조건이 판을 휘젓는 공격 스타일에 어울리지 않는다. 그렇기에 H는 자신의 스타일을 유지하며 자신과 같은 수비형 고수 중에서 더 실력이 뛰어난 고수를 찾아 그에게서 본받을 점과 배울 점을 찾아야 했다. 그런데 H는 눈앞에 보이는 현란한 플레이에 매료되어 이 점을 깨닫지 못했다.

남에게 아무리 잘 어울리는 옷도 나에겐 어울리지 않을 수도 있고, 남에게 좋은 약이라고 하여 반드시 나에게도 좋은 약일 수는 없다. 사람은 누구나 자신만의 스타일이 있으며, 그 스타일을 잘 갈고 닦았을 때 자신이 가장 빛날 수 있다.

　　부디 여러분들은 포커게임에서든 인생에서든 주변의 뛰어난 사람들을 보며 부러워하지 말고, 자신에게 가장 잘 어울리고, 자신이 가장 잘할 수 있는 길을 선택하여 남들보다 앞서 나갈 수 있기를 바란다.

Q 4

당신은 이때 어떻게 하시겠습니까?

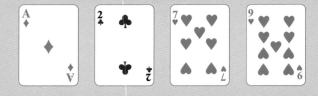

여섯 명의 게임이고 여러분의 베팅 위치는 가장 첫 번째다. 즉, 가장 안 좋은 위치다. 위와 같은 카드가 처음에 들어왔을 때 여러분은 어떤 선택을 하겠는가?

㉠ ◆A-♣2, 두 장을 가지고 두 장을 바꾼다.
㉡ ◆A-♣2-♥7, 세 장을 가지고 한 장을 바꾼다.

〈답〉

지금과 같은 상황에서는 중급자 이상이라면 두 장을 바꾸는 쪽에 좀더 높은 점수를 주고 싶다. 베팅 위치가 첫 번째이기 때문이다. 하지만 초급자라면 ㉠, ㉡ 어느 쪽을 선택하든 장단점이 있으므로 초급자의 경우 두 가지 모두 정답이 될 수 있음을 밝혀둔다.

단, 지금과 같은 카드를 가지고 있는데 베팅 위치가 뒤쪽이거나, 또는 여러분 앞에 패턴스테이를 한 상대가 있는 경우라면 이때는 초급자든, 중급자 이상이든 한 장만 바꾸는 선택을 하는 쪽이 올바른 플레이가 된다. 이처럼 로우바둑이게임에서는 베팅 위치와 상대들의 상황에 따라 초이스가 달라진다는 점을 항상 명심해야 한다.

이 부분에 대한 자세한 설명은 중급편 초이스 '가장 어려운 카드 A-2-7' 단락을 참고하기 바란다.

정답 : ㉠, ㉡ 모두 정답이 될 수 있다

그렇다면 만약 문제와 똑같은 상황에서 여러분의 패가 ◆A-♣2-♥7-♥9 가 아니고, ◆4-♣5-♥7-♥9라면 이때는 어떤 선택을 해야 할까?

이때는 베팅 위치가 좋든 나쁘든, 초급자든 중급자든 고급자든, 주저 없이 ◆4-♣5-♥7을 가지고 가며 한 장을 바꾸는 선택을 해야 한다. 이것이 바로 ◆A-♣2-♥7과 ◆4-♣5-♥7의 차이다.

7. 베트콩 또는 람보 스타일과 만났을 때의 대응 방법

어느 곳의 로우바둑이게임장을 가보아도 시종일관 엄청나게 타이트한 운영으로 일관하며 확실한 찬스만 기다리는 베트콩 스타일이 있는가 하면, 마치 '나오면 빠꾸다'라는 식으로 바늘 끝 같은 찬스만 오면 쉼 없이 레이즈를 하며 판을 흔드는 람보 스타일도 있다.

그렇다면 로우바둑이게임의 최고봉에 오를 수 있는 스타일로는 베트콩 스타일이 좋을까, 아니면 람보 스타일이 유력할까?

두 스타일 모두 각각의 장단점을 가지고 있고, 각자의 실력에 따라 그 위력이 달라지기에 두 스타일의 최고수가 1 : 1 승부를 벌였을 경우에는 어느 쪽이 이긴다고 단정하기 어렵다. 어쩌면 승부를 예측하기 어렵다기보다는 이러한 상극의 최고수라면 1 : 1 승부라는 게 만들어지기 어렵다고 하는 게 정답일 듯하다.

두 스타일의 최고수 간의 승부라면 이렇듯 아무도 단언할 수 없지만, 둘 간의 승부가 아닌 다른 사람들을 상대할 때라면 이야기는 상당히 달라진다.

♠ 최고봉의 자리에 오를 수 있는 것은 람보 스타일

베트콩 스타일은 1번 원칙이 안전이기에 대한민국 어느 곳을 가든 자신의 몸을 지키는 데는 최고지만 상대들에게 큰 위압감이나 부담감을 주지 못하는 단점을 가지고 있다. 그 반면 람보 스타일은 쉼 없이 베팅을 하며 판을 흔들기에 무너질 때 쉽게 무너지는 반면, 이길 때 큰 승리를 거둘 수 있고 또한, 강력한 베팅으로 다른 상대들을 위축시키며 판을 리드할 수 있는 장점이 있다.

로우바둑이게임에서 좋은 성적을 거두기 위한 필수적인 요소 중 한 가지가 바로 '상대들을 두렵게 만들고 위축시키는 것'이라는 점을 감안했을 때, 베트콩 스타일은 최고봉의 자리에는 오를 수 없다. 베트콩 스타일과 게임할 때는 대부분 '얄밉고 깐깐하다'라는 느낌을 받을 뿐, 아주 큰 위압감이나 부담은 느끼지 않는다. 자신의 패 역시 아주 좋을 때만 승부하면 되기 때문이다.

하지만 람보 스타일은 그렇지 않다. 람보 스타일과 게임을 하게 되면, 돈을 따기도 쉽지만 한번 걸리면 중상을 입는다는 큰 위험 부담이 항상 뒤따르게 된다. 거기다 매 판마다 카드 한 장 보기가 힘든 상황이 발생하고 자연히 끌려다니는 게임을 하게 된다.

그렇기에 정말로 실력을 갖춘 최정상급의 람보 스타일을 상대하기란 참으로 쉽지 않다. 그들은 막 치는 것 같으면서도 아주 예리한 승부 감각을 가지고 있기에 질 때는 피해를 최소화하며 미꾸라지처럼 빠져나가고, 이길 때는 큰 승리를 만들어내는 탁월한 능력을 가지고 있다. 그렇기에 최고봉의 자리는 절대적으로 람보 스타일이 차지할 수밖에 없으며, 이러한 사실은 라스베이거스나 L.A. 등 세계적인 갬블도시에서도 너무도 확실하게 증명된다.

♠ 여러분의 몸을 지키는 데는 베트콩 스타일이 좋다

그런데 중요한 사실은 베트콩 스타일은 어느 정도의 실력만 갖추고 나면 어느 무대에서든 웬만큼 적응할 수 있지만, 람보 스타일은 같이 테이블에서 게임하는 상대들을 완전히 압도할 수 있는 실력이 안 된다면 자칫 엄청난 화를 자초할 가능성이 크다는 점이다.

　람보 스타일은 많은 장점을 가지고 있는 반면, 그만큼 무너지기 쉬운 스타일이기에 어느 곳에 가서든 통할 수 있는 실력을 갖추기가 참으로 어렵다. 따라서 이 책을 읽는 여러분들에게는 람보 스타일보다 베트콩 스타일이 되라고 권하고 싶다. 람보 스타일이 시원시원하고 멋있어 보이는 건 분명하지만, 진정으로 실력을 겸비하지 못하는 한 좋은 결과를 얻기가 만만치 않기 때문이다.

　그렇다면 만약 여러분이 게임 도중에 람보 스타일이나 베트콩 스타일을 만났을 때는 어떻게 대응해야 할까? 게임 중에 람보 스타일이나 베트콩 스타일 어느 쪽을 만나든 똑같이 발생하는 현상이 한 가지 있다. 왠지 약이 오르고 적대감이 생긴다는 것이다. 베트콩 스타일을 만날 때는 타이트한 운영으로 일관하므로 누구라도 '디게 코파네, 저걸 어떻게 잡지?'라는 생각을 가지게 된다. 그리고 람보 스타일을 만나면 베팅에서 밀리고 끌려다니면서 자연히 '매번 그렇게 잘 맞아? 한 번만 걸려봐라'라는 식의 감정을 가지게 된다. 하지만 어떤 스타일을 만나든 이런 식의 사감을 가지는 것은 좋지 않다. 자칫 무리나 오기로 이어질 수 있기 때문이다.

　♠ 게임 도중 베트콩 스타일을 만났을 때

　어떤 스타일을 만나든 특별한 사감을 가지지 않는 것을 우선으로 베트콩을 만났을 때는,

첫째, 같이 타이트한 스타일로 맞선다.

둘째, 아예 상대를 하지 않는다.

셋째, 베팅이나 레이즈를 하고 미리 스테이를 한다.

대체적으로 이러한 세 가지 작전 중 잘 통하는 것을 사용하는 것이 좋다.

첫째와 둘째 작전에 대해서는 특별한 설명을 하지 않아도 충분히 이해할 수 있으리라 생각한다. 그리고 나서 셋째인데, 이 작전은 타이트한 베트콩 스타일에게는 아주 효과적이다. 특히 아침커트 전에 9나 10 등의 추라이로 레이즈를 하며 강한 모습을 보이고 탑(한 장)을 커트한 후 아침이나 점심커트 후에 맞든 안 맞든 스테이를 하게 되면 베트콩은 여간해선 승부를 계속 걸어오지 않는다.

이처럼 베트콩과 게임을 할 때 첫째와 둘째 작전으로 맞설 것이 아니고, 셋째의 작전으로 나가려면 아주 좋은 추라이를 고집하지 말고 가능하면 아침커트부터 커트 수를 줄이고 미리 스테이를 하는 작전이 효과적이다.

베트콩 스타일은 애초부터 승부보다 안전에 우선을 두는 운영이기에 조금이라도 불확실하고 불리하다고 느껴지면 승부를 피하는 경향이 강하기 때문이다. 그들에게는 공갈이 잘 통하므로 가끔 공갈을 섞어 상대하라는 것이다.

♠ 게임 도중 람보 스타일을 만났을 때

그렇다면 람보 스타일을 상대할 때는 어떻게 해야 할까?

이때는 한 가지 절대적으로 명심해야 할 점이 있다. 바로,

'그렇게 잘 맞아?'

'니가 그렇게 베팅이 좋아?'

라는 식의 감정을 가지고 같이 힘으로 대응하려는 생각을 해서는 안 된다는 점이다. 어찌 되었든 그들은 거친 베팅에 단련이 되어 있기에 배짱이나 힘 그리고 경험에서 여러분이 밀릴 가능성이 더 높기 때문이다. 그렇기에 여러분의 손안에 확실한 패가 만들어져 있지 않은 상황에서 람보 스타일을 상대할 때는, 일단 베팅으로 맞받아치려는 작전은 위험하다는 사실을 명심해야 한다.

따라서 람보 스타일을 상대할 때는 서로가 불확실한 상황에서 베팅으로 맞장구를 쳐 판을 아주 급박하게 몰고 가지 말고, 적당한 선에서 베팅을 람보에게 넘기는 운영이 효과적이다. 즉, 여러분이 베팅할 만한 패를 가지고 베팅을 안 해도 뒤에서 람보가 베팅을 해줄 테니까 굳이 '모 아니면 도'라는 식의 아주 급박한 승부를 만들지 말라는 것이다.

그러다 보면 자연히 람보 쪽에서는 혼자서 베팅을 하게 되는 수밖에 없고, 그것을 상대하는 여러분의 부담은 줄어든다. 그리고 어찌 되었든 그 상황에서의 승부는 여러분 쪽에 승산이 조금이라도 높을 수밖에 없다. 람보 쪽은 웬만하면 판을 키우는 스타일이기에 손안에서 아주 좋은 패가 나올 가능성이 그만큼 떨어지기 때문이다.

그렇기에 람보 스타일을 상대할 때는 확실한 패를 손안에 가지고 있지 않은 서로가 불확실한 상황에서는 힘 대 힘으로 겨루는 식의 승부를 피하고, 웬만하면 베팅을 람보에게 맡기라는 것이다.

람보 스타일의 주특기가 끊임없는 베팅과 레이즈로 판을 흔들며 조그만 판을 주다가 한 번에 큰 승부를 만들어서 승리하는 것인데, 그것은 람보 혼자서는 어렵다. 누군가 반드시 박자를 맞춰주는 상대가 있어야 한다. 그랬을 때 박자를 맞춰주지 않는다면 람보 혼자서 날뛰다가 결국 제풀에 무너지기 쉽다는 이야기다.

그래서 한 테이블에 람보가 두세 명 있으면 그 테이블에서 게임하는 다른 사람들이 게임하기가 힘들어지지만, 한 테이블에 람보가 한 명밖에 없을 때는 옆에서 장단을 맞춰주지 않는 한 람보가 고행 길을 걸을 수밖에 없다. 물론 람보가 아니라 람보 할아버지라 해도 여러분이 힘으로 맞받아쳐 이겨낼 수 있다면 그것이 최선의 방법이다. 하지만 그것이 안 된다면 그때는 힘과 힘의 대결 구도로 만들지 말고 일종의 김 빼기 작전으로 대응하는 것이 효과적인 방법임을 명심해야 한다.

지금까지 베트콩 스타일과 람보 스타일의 특징과, 또 그들을 상대하는 요령에 대해 간략히 설명했다. 하지만 지금의 설명은 베트콩이든 람보든 최정상급 수준이 아닌 사람들을 상대했을 때의 이야기다. 즉, 지금의 설명은 베트콩이든 람보든 어느 정도의 수준에 있는 사람을 상대로 가정한 것일 뿐, 만약 그들이 최정상급의 실력을 가진 일류들이라면 그때는 오직 한 가지, 게임을 피하는 것이 최선의 방법임을 분명히 밝혀 둔다.

그리고 앞서도 언급했듯이 여러분들에게는(아주 고수의 실력을 갖추기 전까지는) 무조건 베트콩 스타일이 되라고 권한다. 나라를 위해 할 일이 많고 앞길이 창창한 여러분의 만수무강을 위해서다.

8. 가장 위험한 카드는 패턴 8탑

"졌다고 생각하면서도 콜을 할 수밖에 없다."

"공갈인 것 같지만 죽을 수밖에 없다."

로우바둑이게임의 고수들이 입버릇처럼 하는 말이다.

첫 번째 말은 베팅과 여러 가지 정황상 이기기 힘든 승부라고 느끼면서도 도저히 죽을 수 없는 그런 패를 가지고 있을 때를 의미한다. '눈으로 보지 않은 이상 죽을 수는 없는 상황'이라고 표현하기도 하는데, 어쩔 수 없이 콜을 해야 하는 상황을 나타내는 말이다. 이러한 경우를 가리켜 '새드콜(Sad Call, 질 것 같다고 느끼면서 하는 콜)'이라고 표현한다.

두 번째 말은 반대 의미인데 상대의 베팅이 공갈인 것처럼 느껴지지만 끝까지 콜을 하려니 부담이 너무 커서 도저히 콜을 할 수가 없는 경우를 의미한다. 즉, 공갈의 심증이 가지만 그 공갈을 체포하려는 위험 부담이 너무 커서 어쩔 수 없이 포기해야 할 때를 말하는 것이다. 첫 번째 경우는 이른바 빠져나가기 힘든 덫에 걸린 상황이고, 두 번째 경우는 상대의 베팅이 훌륭했다고 인정할 수밖에 없는 상황이다.

♠ 어느 누구라도 승부하고 싶은 카드

패턴 8탑.

여러분 앞에 돈이 별로 많지 않다면 어떤 상황에서든 숨도 안 쉬고 올인을 하며 승부할 수 있는 카드다. 문제는 여러분 앞에 어느 정도 이상의 많은 돈이 쌓여 있을 경우다. 이때도 상황에 상관없이 올인 승부를 하겠다고 주장한다면, 이러한 사람은 로우바둑이게임에서 아직은 돈을 좀

더 잃어야 하는 사람이다.

패턴 8탑이라면 누구라도 괜찮은 족보라 인정할 만큼 승부를 할 만한 카드임에 틀림없다. '어느 누구라도 승부를 하고 싶은 욕망을 느낄 만큼 좋은 카드', 이 말은 달리 표현하면 '웬만한 상황에서는 죽기 싫은 카드'라는 의미로도 해석된다. 이 단락의 도입부에서 말했듯이 '졌다고 생각하면서도 콜을 할 수밖에 없다'라는 말에 해당하는 카드다.

위의 그림처럼 8탑(2-5-6-8)으로 패턴스테이가 되었는데 아침이나 점심커트 후에 누군가에게 레이즈를 맞았다면 로우바둑이게임을 하는 사람이라면 100명이면 100명 모두 승부를 피하지 않을 것이다. 재차 레이즈는 못하더라도 어느 누구도 끝까지 죽지는 않는다는 의미다. 그리고 실제로도 웬만한 판이라면 그렇게 플레이하는 것이 정상이라는 데 아무도 이견을 나타내지 않을 것이 분명하다.

그렇다면 이럴 때는 어떨까? 패턴 8탑이라면 누구든 아침커트 전에 판을 키우는 것은 정해진 수순이다. 거기에 추라이가 좋은 탑집이 2집 정도 있어 아침커트도 하기 전에 이미 판이 엄청나게 커져 있는 상태에서, 아침커트나 점심커트 후에 레이즈를 맞는다면 이때도 끝까지 콜을 하고 승부를 해야 할까?

　물론 여러 가지 상황과 그때의 분위기, 상대의 스타일 등 모든 점을 감안해야겠지만, 이 부분에 대해 필자에게 '그렇다' 또는 '아니다' 둘 중 한 가지 대답을 요구한다면 필자는 '그렇다'라고 말하겠다. 끝까지 죽을 수 없다는 뜻이다. 아침커트 전에 판이 커졌다고 하여 어차피 돌아갈 패가 바뀌는 것은 아니기 때문이다.

　즉, 아침커트 전에 판이 커져 있든 안 커져 있든 패턴 8탑 입장에서의 선택은 바뀔 것이 없다는 이야기다. 아침커트 전에 판이 많이 커져 있다면 그것은 '상대들의 추라이가 그만큼 더 좋다'라는 것으로 해석할 수 있다. 하지만 상대의 추라이가 A-2-3이든 2-3-5, 2-4-6 등이든 3-5-7(이때는 8을 뜨면 안 된다)이든 그것이 승부에 결정적인 영향을 주는 요소가 되는 것은 아니다. 그것보다는 상대가 몇 장을 커트했느냐, 하는 부분이 조금이라도 더 큰 영향을 준다고 봐야 한다.

　그렇기에 상대들의 커트 수가 다를 때라면 차이가 있겠지만, 커트 수가 같은 상황이라면 아침커트 전에 판이 커져 있든 아니든 그 이후의 선택은 동일할 수밖에 없다는 뜻이다. 따라서 레이즈를 맞고도 끝까지 죽을 수가 없다고 한다면, 그렇다면 패턴 8탑을 잡고 지게 된다면 엄청난 피해를 입을 수밖에 없고 또, 빠져 나갈 수가 없는 것일까? 아니다. 결코 그렇지 않다. 그렇다면 과연 그 방법은 무엇일까?

　♠ 패턴 8탑으로 지는 판은 중상을 입는다
　패턴 8탑은 분명 아주 좋은 카드다. 하지만 좋은 카드이긴 해도 자신이 가지고 있는 금액 상당 부분의 피해를 감수하면서까지 큰 승부를 할 정도의 좋은 카드라고는 할 수 없다. 패턴 8탑이라는 카드는 그래도 꽤 심심치 않게 들어오는데, 세 번이 들어왔을 때 두 번을 이기고 한 번을 진다고 가정했을 때 그 피해가 너무 크다면 그것은 뭔가 문제점을 찾아야 하는 위험한 플레이라고 봐야 한다.

얼핏 듣기에는 세 번 중 두 번을 이기고 한 번을 지면 남는 장사라는 생각이 들지도 모르겠으나, 그렇게 단순히 계산해서는 곤란하다. 패턴 8탑으로 이긴다는 것은 상대가 8탑보다 못한 카드를 가지고 있을 때인데, 이때라면 큰 승부가 만들어지기는 어렵다고 봐야 한다(공갈 베팅 제외). 큰 승부라기보다 오히려 상대들이 도중에 기권하여 승리를 얻게 되

는 경우가 많다고 가정했을 때 그 소득은 크게 기대하기 어려운 것이 사실이다.

하지만 패턴 8탑으로 지게 된다면 이것은 어찌 되었건 사고가 생기는 것이라 봐야 한다. 거의 대부분의 경우 빡빡하게 끝까지 베팅이 이어지게 되고, 이것은 큰판이 만들어지는 것을 의미한다. 그렇기에 패턴 8탑으로 세 판 중 두 판을 이기고 한 판을 지는 것은 큰 피해가 나올 가능성이 훨씬 높다. 따라서 패턴 8탑으로 세 번 중에 한 번을 진다면 이것은 수지 계산이 대부분 적자로 나오게 된다.

그렇다면 패턴 8탑으로는 세 번 중 한 번도 지면 안 된다는 뜻인가? 아니, 그렇지는 않다. 지고 이기는 것은 상대에게 패가 어떻게 들어가느냐 하는 문제이고, 그것은 하늘이 내려주는 결과일 뿐이다. 이렇듯 패턴 8탑이 세 번 들어왔을 때 세 번을 모두 이기든 또는 한두 번을 지든 그것은 인력으로 해결할 수 있는 부분이 아니기에 여기서 언급할 사항이 아니다.

♠ 패턴 8탑으로는 처음부터 너무 큰 욕심을 가지지 마라

우리는 신이 아니기에 인력으로 해결할 수 있는 부분에서 대응책을 찾아야 한다. 그랬을 때 여러분이 가장 먼저 가져야 할 마음가짐은 '패턴 8탑으로는 처음부터 너무 큰 욕심을 가지지 마라'라는 것이다. 즉, 패턴 8탑처럼 레이즈를 맞아도 어차피 끝까지 죽지 못할 그런 카드를 가지고 있을 때는, 만약에 졌을 경우 피해를 최소화하는 운영을 하라는 것이다.

이것은 바꿔 말해 여러분이 좀더 먹을 수 있는 것을 포기한다는 의미가 되기도 하는데, 20을 더 먹으려다 자칫 100~200을 더 손해 볼 위험

이 있다면 그것은 양보해도 괜찮지 않겠는가?

이처럼 약간 양보하는 마음을 가지고 졌을 때 피해를 최소화하는 방법은 대표적으로 두 가지가 있다.

첫째, 아침커트 전에 판을 너무 키우지 않는다.
둘째, 아침커트 후, 또는 점심커트 후 상대가 뼹을 달고 나왔을 때 뼹콜을 한다.

지금의 두 가지 사항을 읽어보면 자칫 비겁하고 기백이 없다고 느껴질 수도 있다. 그렇기에,

'패턴 8탑인데 뭐가 무서워. 이런 카드로 승부를 안 하면 뭘로 승부해?'

'무슨 말도 안 되는 소리야. 올인을 당하더라도 뼹콜은 못해.'
라며 주장하는 사람도 분명 있을 것이다.

패턴 8탑을 잡았을 때 본인 앞에 있는 돈이, 만약 졌을 때 여러분이 받아들일 수 있는 정도라면 당연히 승부를 해야 한다. 하지만 본인 앞에 자금이 엄청나게 많이 있고, 상대 역시 그런 상황이라면 이때는 패턴 8탑을 잡고 패하는 한 판의 승부로 너무 큰 부상을 입는 플레이를 해서는 절대 안 된다.

달리 표현하면 여러분이 패턴 8탑으로 200까지는 잃어도 승부하겠다는 생각을 가지고 있으면 베팅의 템포를 그 정도에서 조정하라는 이야기며, 이것은 동시에 패턴 8탑은 200 정도 먹으면 만족하는 카드라는 생각

을 가지라는 의미이기도 하다.

· 200은 하프베팅의 룰이라면 여기서 한 번 더 레이즈가 오고가고 한다면 그 금액은 바로 800이 된다(사람의 수가 많을 때는 그것에 비례하여 금액이 더 커진다).

한 번의 레이즈는 상대에게도 레이즈를 할 기회를 주는 것이기에 졌을 경우 피해가 최소 네 배 이상이 된다. 아마 이런 정도를 모르는 사람은 별로 없겠지만 그만큼 한 번의 레이즈가 가지는 위력이 크다는 것을 절대 잊어서는 안 된다.

그렇기에 패턴 8탑이면 이기든 지든 200까지, 패턴 7탑이면 300까지, 이런 식으로 그때그때 자금 상황에 따라 자신의 플레이를 조정할 줄 알아야 한다. 물론 이러한 플레이가 더 먹을 것을 놓치는 그러한 손실도 가져오는 것은 틀림없지만, 한 번에 엄청난 데미지를 입는 그런 위험으로부터는 벗어나게 해준다.

이러한 플레이는 일류 고수들의 상용 수단이라는 것을 명심해야 한다. 그들은 8탑과 같은 카드를 가지고 자신 앞에 수북이 쌓여 있는 칩을 전부 밀어 넣는 그런 불확실한 승부를 결코 즐기지 않는다.

패턴 8탑은 중간에 레이즈를 맞았을 때 콜을 하는 순간, 어차피 끝까지 죽기 싫어지기 때문에 그 피해가 굉장히 커질 수 있으므로 가장 위험한 카드라고 표현하는 것이다.

만약에 여러분이 패턴에 J탑이나 Q탑으로 스테이를 하고 승부를 하는 경우에는, 레이즈를 맞으면 미련 없이 기권하면 된다. 그리고 그 선택이 별로 어렵지 않다. 어차피 승부가 되기 어려운 카드라는 인식을 모두

가 가지고 있기 때문이다.

♠ 고수들이 패턴 8탑을 가지고 있을 때의 운영 요령

이처럼 고수들일수록 패턴 8탑과 같이 레이즈를 맞았을 때 죽고 싶지 않은 그런 종류의 카드를 가지고 있을 때는 앞서 언급했던 첫째, 둘째 사항과 같은 운영을 적절히 이용한다.

조금 덜 먹는 한이 있어도 너무 큰판을 만들지 않겠다는 의도다. 그랬을 경우 가장 큰 이유는 패턴 8탑이 레이즈를 맞았을 때 죽기 싫은 카드이기 때문이다.

물론 그렇다고 해서 패턴 8탑이 들어왔을 경우 반드시 이런 식의 플레이를 하라는 것은 결코 아니다. 그때그때의 여러 가지 상황과 분위기, 상대와 여러분의 자금 상황, 승부를 크게 몰고 가고 싶은지 아닌지, 승부의 흐름이 여러분에게 좋은지 나쁜지, 등등 여러 가지 변수를 감안하여 어떻게 대응할지 결정하면 된다.

단지 여기서 하고자 하는 이야기는 패턴 8탑과 같이 웬만한 상황에서는 죽기 싫은 그런 종류의 위험한 카드를 가지고 있을 때는, 조금 덜 먹더라도 질 경우를 대비하는 슬기로운 플레이도 알아둬야 한다는 의미다.

9. 돈을 버릴 줄 알아라

옛말에 '사람이 돈을 따라다녀서는 안 된다. 돈이 사람을 따라 다니도록 만들어야 한다'라는 말이 있다. 들을 때마다 느끼는 거지만 우리의 옛말은 하나도 틀린 것이 없다. 그래서 큰 부자는 하늘이 내린다고 하지 않는가.

필자는 포커에서도 이 말이 예외가 아니라고 생각한다. 돈에 집착하지 않고 돈을 버릴 줄 알아야만 한 단계 고수로 올라갈 수 있다.

로우바둑이게임을 즐기는 하수들은 거의 똑같은 마음을 가지고 있는 것이 한 가지 있다. 5 정도의 좋은 추라이를 가지고 씩씩하게 플레이를 하다가 상대가 스테이를 누르고 베팅을 하면 마지막까지 따라가서 메이드를 못 만들면 죽는다는 점이다. 다시 말해 머릿속으로나 마음속으로는 '저건 공갈인 거 같은데……'라고 느끼면서도 하수들은 최후의 순간에 콜을 하고 확인하지 못한다는 공통점이다.

물론 상대가 스테이를 누르고 베팅을 했을 때 그것을 공갈이라고 단정할 수 있는 사람은 아무도 없다. 그리고 실제로도 공갈이 아닌 경우가 조금이라도 더 많은 것이 사실이다. 그렇기에 하수가 아닌 중급자 수준 이상의 실력자들일지라도 상대가 스테이를 하고 마지막에 베팅을 했을 때 추라이로서 콜을 하고 확인하기란 쉬운 일이 아니다. 또한 필자가 무작정 콜을 하고 확인하라고 주장하는 것도 아니다.

다만 상대가 스테이를 하고 마지막에 베팅을 했을 때 '왠지 이번은 공갈인 것 같다'라거나, '이번엔 무조건 공갈이야'라는 식의 느낌이 든다면, 그때는 추라이밖에 없더라도 지는 것을 겁내지 말고 자신 있게 콜을 하고 확인해보라는 것이다.

그런데 이 플레이를 하수들은 거의 하지 못한다. 가장 큰 이유가 바로 질 것 같은 상황이기에 돈이 아깝기 때문이다. 앞에서도 언급했듯이 대한민국 어느 곳의 로우바둑이게임장을 가보아도 상대가 스테이를 했을 때, 공갈보다는 진카가 나오는 경우가 훨씬 더 많다. 그렇다면 이것은 누가 보든 질 확률이 높고 돈이 아까운 상황이 분명하다. 그런데 로우바둑이게임의 고수들이 추라이로서 콜을 하는 플레이를 자주 한다면, 그들은 돈이 아깝지 않기 때문일까? 아니면 상대의 패를 예측하는 능력이 하수보다 뛰어나서일까?

여기서 한 가지 미리 알아두어야 할 아주 중요한 부분이 있다.

♠ 공갈은 네 번 확인하여 한 번만 성공하면 된다

그것은 바로 만약 여러분이 추라이로 마지막에 확인을 했을 때 네 번을 확인하여 그중 한 번만 성공하면 금액상으로는 제로(0)가 된다는 점이다. 쉽게 설명하면 여러분이 100을 투자하여 확인했을 때, 이기면 가지고 오는 배당금은 300이다. 다시 말해 100을 투자해서 300을 벌 수 있다는 것이다.

· 하프베팅의 룰
판돈 : 200 → 하프(상대가 베팅한 금액) : 100 = 200+100=300(여러분이 이겼을 때 가져올 수 있는 돈)

그렇기에 네 번 확인해서 한 번만 성공하면 본전이 된다. 이렇게 생각해보면 진카가 공갈보다 훨씬 더 많이 나온다는 사실을 인정하더라도 가끔은 시도해볼 수 있는 선택이다. 물론 그렇다고 해서 시도 때도 없이 확인을 해서는 안 된다. 단지 상대의 스테이가 공갈 같다는 느낌이 강하게 온다면 그때는 콜을 하고 확인할 줄도 알아야 한다는 이야기다.

그랬을 때 첫 번째로 필요한 것이 바로 '돈을 버릴 줄 안다'라는 마음가짐이다. 다시 말해,

'내 생각이 틀려 이 판에서 돈을 조금 더 잃더라도 지금은 죽어도 확인해야겠어.'

라는 식의 마음가짐이 때로는 필요하다는 것이다. 그런데 이러한 마음가짐을 가지는 것이 하수들에게는 너무도 어렵다. 그들은 돈을 버릴 줄 모르기 때문이다. 그렇기에 하수들은 똑같은 상황을 하루에 열 번, 스무 번을 맞이해도 항상 그 선택은 정해져 있을 수밖에 없다.

하지만 로우바둑이게임에서 한 단계 더 높은 수준에 오르기 위해서는 앞서 말한 그러한 마음가짐을 반드시 가슴속에 새겨둬야 한다. 고수들이라고 하여 돈이 아깝지 않거나, 상대의 패를 100% 정확하게 감지하여 확인하는 것은 절대 아니다. 하지만 고수들은 그런 플레이를 할 줄 안다. 돈을 버릴 줄 알기 때문이다.

♠ 돈을 버릴 줄 알라는 말의 진정한 의미

스테이집을 상대로 추라이를 가지고 마지막 베팅에서 가끔 한 번씩 콜을 하고 확인한다는 것은, 성공하든 실패하든 그 결과와는 별도로 큰 어드밴티지를 여러분에게 선물한다.

그것은 바로 상대들이 '여러분에게 쉽게 공갈을 시도하지 못하게 된다'라는 점이다. 즉, 그러한 플레이를 본 후에는 '저 친구는 추라이로 가끔 확인을 하는 스타일'이라는 인식을 갖게 되어버린다는 것이다. 이렇

게 되면 그 이후에는 여러분의 플레이가 좀더 편안해진다. 이때부터는 상대들이 여러분을 상대로 공갈을 시도하기를 꺼리게 되기 때문이다.

표현은 '돈을 버릴 줄 알아라'라고 했지만 실제로는 여러분에게 많은 가능성과 혜택을 가져다준다는 사실은 따로 말할 필요가 없을 것이다. 그렇기에 결정을 하는 순간에 마음이 흔들린다면 그때는 돈을 버린다는 편안한 생각을 가지고 결정하라는 의미다.

'돈을 버릴 줄 알아라'라는 의미는 이외에도 여러 가지가 있다. 간혹 걸려도 좋다는 생각으로 공갈을 시도한다든지, 아침커트 전에 베팅 위치가 좋을 때 레이즈를 한다든지, 확실하게 승산이 보장되어 있지는 않아도 비슷한 정도의 승산이 있다고 판단될 때 판을 흔들어본다든지 등등이다.

이처럼 돈을 버린다는 편안한 생각을 가지고 있으면 플레이가 훨씬 매끄러워질 수 있다.

물론 '돈을 버릴 줄 알아라'라고 하여 큰 피해를 감수하면서까지 이러한 행동을 일삼는 것은 안 된다. 또한 너무 자주 반복해서도 곤란하다. 하지만 게임의 초기 부분부터 어느 정도의 시간까지는 충분히 해볼 만하며 고수가 되기 위해서는 반드시 가져야 하는 마음가짐이기도 하다.

'돈을 쓸 줄 안다'라는 말이 있다. 이 말이 '돈을 버릴 줄 안다'라는 말과 맥락이 비슷하다고 한다면 필자의 억지일까? 여러분이 아까워하지 않고 돈을 버릴 줄 알게 되면 반드시 그 몇 배 이상의 효과가 뒤따른다는 것이 포커게임에서도 변치 않는 진리다.

10. 마지막 커트는 없다고 생각하라

지금의 이야기는 상대가 미리 스테이를 하고 있거나 또는, 스테이가 나올 것 같은 상황이라고 느껴질 경우에는 여러분의 추라이가 아무리 좋더라도 커트 기회가 한 번밖에 남지 않은 저녁때라면 승부를 피해야 한다는 의미다. 다시 말해, 상대는 스테이를 하고 있는데 추라이를 가지고 가서 저녁(마지막)커트에 메이드를 시켜 역전하려고 하는 게임 운영을 하지 말라는 뜻이다.

어떤 종류의 포커게임에서든 하수들의 가장 큰 공통점은 '웬만해서는 도중에 죽으려 하지 않고 끝까지 따라 간다'라는 점이다. 물론 끝까지 따라감으로써 간혹은 멋진 메이드를 완성시켜 짜릿한 희열을 느끼는 경우도 있는 것은 사실이다. 하지만 그것은 쉽지 않은 일이다.

마지막 커트에서 여러분이 A-2-3을 가지고 있을 때 상대가 6탑 메이드일 경우, 여러분이 이기려면 4, 5, 6 - 세 장 중 한 장을 떠야 한다. 이 확률은 약 7% 정도다. 만약 상대가 7탑 메이드일 경우 여러분이 이기려면 4, 5, 6, 7 - 네 장 중 한 장을 떠야 한다. 약 9% 정도의 확률이다.

다시 말해 열 판에 한 판도 뜨기 어려운 확률이다. 물론 상대가 8탑, 9탑 등을 가지고 있다면 8이나, 9를 떠도 이길 수 있기에 확률은 조금 올라가지만 이때는 큰 소득을 기대하기가 어렵다. 상대가 6탑, 7탑을 가지고 있을 때처럼 넉넉히 보태주지 않을 것이 분명하기 때문이다. 다시 말해 이길 확률이 조금 높아지는 반면 떴을 때의 부가가치가 그만큼 떨어진다는 이야기다.

이와 같은 면을 감안했을 때, 스테이집을 상대로 저녁커트에 추라이를 가지고 따라가는 플레이는 득보다 실이 훨씬 많은 운영이라는 점을 명심해야 한다.

물론 그렇다고 해서 열 판이면 열 판 모두 반드시 따라가지 말라는 것은 아니다. 상황에 따라 승부해야 할 때도 있고, 또 실패를 각오하고라도 뜨기 위해 따라갈 필요가 있는 경우도 있다. 그렇다면 스테이집을 상대로 추라이를 가지고 마지막 커트에 뜨려고 따라갈 수 있는 경우가 어떤 상황인지 알아보자.

첫째, 앞에서 콜을 한 사람이 여러분을 제외하고도 한두 명이 더 있을 때(배당이 좋다)

둘째, 배당도 좋고, 베팅 위치도 좋을 때

셋째, 게임 흐름이 여러분에게 잘 풀리고 있는 시기라고 판단될 때

넷째, 무슨 일이 있어도, 죽어도 승부해보고 싶을 때(너무 잦아서는 안 된다)

이와 같은 경우라면 일단 승부를 할 수 있다고 말하겠다. 하지만 기본적으로는 '마지막(저녁) 커트는 없다'라는 생각을 여러분의 가슴속에 깊이깊이 새겨두어야 할 것이다.

이 부분에 대해서는 뒤의 '마지막 커트를 기대하는 사람과는 돈거래를 하지 마라' 단락에서 좀더 상세히 설명하도록 하겠다.

11. 되는 날 승부하라

저 유명한 갬블도시 라스베이거스에서는 한국 사람들을 가리켜 전 세계에서 가장 칩을 현금으로 바꾸지 않는 민족이라고 한다. 칩을 현금으로 바꾼다는 것은 게임을 끝마치고 일어선다는 의미이니, 이 말은 결국 한국인들은 여간해선 잘 일어서지 않으려 한다는 이야기가 된다. 바꿔 말해 웬만큼 따서는 만족할 줄 모르고 과욕을 부리다가 결국 올인이 되어서야 일어선다는 뜻이다.

라스베이거스에서 갬블을 직업으로 삼는 전문 갬블러들은 언제나 그날그날의 목표액을 정하고 게임에 임한다. 그래서 그 목표액이 달성되면 지체 없이 자리에서 일어선다. 그랬을 때 그들의 목표액은 우리의 상상

을 초월할 정도로 적다. 그들은 그날 자신이 갬블에 사용하려고 마음먹은 금액의 30%만 따면 만족한다. 즉, 100을 가지고 그날 승부에 임했다고 했을 때 30만 따게 되면 미련 없이 일어선다는 것이다.

이에 반해 한국인들은 어떤가?

한국인들 중에 30을 목표로 100을 투자하는 사람이 얼마나 있을까? 아마도 우리나라 사람들은 100을 투자하여 갬블을 한다면 거의 대부분이 최소한 투자금의 100~300% 정도의 수익을 얻어야 만족하리라 생각한다. 그리고 이것 역시 필자가 많이 양보한 것일 뿐, 실제로는 잘되면 잘될수록 끝없이 욕심을 버리지 않는 스타일이 한국인을 상징하는 것일지도 모른다.

♠ 갬블은 안되는 날 새가슴이 돼야 한다

한국인들의 갬블 특성은 안되면 본전을 찾아야 하기 때문에 계속하고, 잘되면 잘되니까 더 따야지 라며 계속하는 스타일이다. 우리나라 사람들의 이러한 성향 때문에 '가장 칩을 현금으로 바꾸지 않는 민족'이라는 의미 있는 닉네임이 만들어진 것이리라. 그리고 이렇기 때문에 우리나라 사람들이 라스베이거스에서 성적이 가장 안 좋은 민족으로 나타나고 있는 것이기도 하다.

그렇다고 해서 필자가 라스베이거스의 전문 갬블러들처럼 가지고 간 돈의 30%만 따면 그만둔다는 그네들의 방법을 옳다고 주장하는 것은 아니다. '가지고 간 돈의 30%가 목표'라고 한다면 세 번을 이기면 가지고 간 돈의 거의 100% 가까이를 따게 되는 셈인데, 그렇다면 네 번 중 세 번을 이기고 한 번을 지면 결국 본전이 되는 계산이다. 네 번 중 세 번이라면 75%의 승률이다.

따라서 이러한 방법으로 돈을 따기 위해서라면 아주 좋은 승률을 계속 기록해야만 한다. 물론 이런 단순한 계산식으로 따질 수 없는 미묘한 부분도 있겠지만, 아무튼 드러난 수치상으로는 틀림없는 이야기다.

그렇기에 필자는 기본적으로 '30% 수익 목표'라는 라스베이거스 전문 갬블러들의 주장에 동의하지 않는다. 그 30% 수익 목표라는 것이 갬블이 아닌 다른 사업이라면 그것은 모르겠다. 필자가 모르는 분야이기 때문이다. 하지만 적어도 갬블에서라면 필자는 30% 수익에 동의하지 않는다.

갬블에서는 30% 수익 목표보다는 '되는 날 승부하라'라고 말하고 싶다. 갬블을 하다보면 잘되는 날도 있고 반대로 안되는 날도 있는 것은 당연하다. 그랬을 때 게임이 안되는 날은 일분일초라도 빨리 자리에서 일어서는 것이 최선의 방법임을 여러 차례 강조해왔다.

'갬블은 안되는 날 새가슴이 되고, 잘되는 날 승부하라'라는 말이 고금의 명언으로 내려오고 있기에 이 말은 갬블을 하는 사람이라면 누구나 반드시 마음속에 가지고 있어야 한다.

♠ 아무리 잘되는 날도 언젠가는 일어서야 한다

하지만 게임이 잘되는 날이라고 해도 언제까지나 계속 잘된다는 보장을 할 수도 없고, 잘된다고 하여 무작정 계속할 수도 없는 일이다. 결국 언젠가는 일어서야 한다.

그렇다면 게임이 잘 풀리는 날은 언제까지 게임을 해야 할까?

어느 시점에 게임을 그만두고 일어서야 하는지 그 시기를 정확히 알 수 있는 방법은 없을까? 만약 그 방법을 알 수만 있다면 항상 최고의 상태에서 일어설 수 있으련만……. 그러나 이러한 생각은 불가능한 바람이다.

일류 고수들은 이 부분에 대해서도 각자 판단 방법이 있는데, 재미있는 것은 그 판단의 기준이 아주 흡사하다는 점이다. 일류 고수들이 게임이 잘되는 날 일어서는 시점에 대해 이구동성으로 하는 말은 다음과 같다.

첫째, 체력이 떨어지기 시작할 때

아무리 게임이 잘되는 날이고, 또 계속 잘 풀리고 있는 중이라 하더라도 체력이 뒷받침되지 않는 순간이 되면 그때는 바로 일어서야 한다. 체력이 떨어지게 되면 자연히 집중력도 흐트러질 수밖에 없는데, 집중력이 흐트러진다는 것은 자칫 큰 실수를 범할 우려가 많아지기 때문이다. 그렇기 때문에 체력적으로 문제를 느낄 시점이 되면 반드시 일어서야 한다.

둘째, 본인이 만족하게 성과를 올렸다고 생각하는 시점에서부터 30%가 하락할 때

게임 잘 풀리는 날에 체력이 뒷받침되고 본인이 더 하기를 원한다면 언제까지라도 해도 좋다. 하지만 그때는 일어설 시기를 최고점에서 30%가 내려간 시점으로 잡으라는 것이다. 최고점 대비 30% 하락이라면 이것은 금액적으로도 적지 않은 상태고 또한, 흐름이 내리막으로 돌아서는 기미가 보이는 것이라고 판단해야 한다는 의미다.

좀더 쉽게 설명하면 보통 여러분이 게임에서 만족할 만한 성과를 올리는 것을 200 정도라고 보았을 때 300, 400, 500 또는 그 이상을 따게 되더라도 잘되는 날이라면 굳이 일어서지 않아도 좋다는 것이다. 그런데 500까지 땄다가 거기서 30% 즉, 150 정도가 내려가게 되면 이때를 일어설 타임으로 생각하라는 것이다. 마찬가지로 최고점이 1,000이었다면 300이 내려가서 700이 되면 그때 일어서라는 이야기다.

그런데 최고점이 500인 경우, 50~100 정도가 내려갈 때(10~20%)까지는 본인이 원하고 체력이 뒷받침 된다면 굳이 일어서지 않아도 좋다. 앞에서도 말했듯 갬블은 되는 날 승부를 하는 것이 유력한 방법이 될 가능성이 높기 때문이다.

♠ 한국 사람들은 카지노를 올인시키려 한다

보통 일류 고수들이 게임이 끝날 시간이 훨씬 지났는데도 계속하고 있으면 그것은 90% 이상 잭팟을 터트린 상황라고 보아도 무방하다. 고수들이 게임 시간을 많이 지나쳐 계속한다는 것은 바로 잘되는 날 승부를 거는 그런 상황이 거의 대부분이라는 것이다.

물론 간혹은 그 반대로 심하게 뚜껑이 열려서 게임 시간이 길어지는 경우가 발생할 수도 있겠지만 그것은 정말로 아주 간혹 일 뿐이다. 고수들이라면 그날그날 자신의 게임 흐름을 알고 스스로를 컨트롤할 줄 알기 때문이다. 그래서 필자가 아는 K는 "내가 늦게까지 안 들어가면 많이 딴 거라고 생각하라"라며 농담을 하기도 했다.

라스베이거스에서 게임을 할 때 한국 사람들은 마치 카지노를 올인시키기라도 하려는 듯 욕심을 가진다. 그래서 한국 사람들은 게임이 잘 풀려서 어느 정도 이겼을 때 일어서질 못하고 카지노가 올인이 되든, 아니면 자신이 올인이 되든 어느 쪽이 올인이 되어야 일어선다고 하는데, 그렇다면 답은 한 가지밖에 없다. 카지노를 올인시킬 수는 없다는 이야기다. 어찌 보면 이것은 욕심도 욕심이지만 일어설 시기를 전혀 생각하지 않고 있고 또, 모르기 때문이다.

그렇다고 1년에 몇 번밖에 없을 정도로 게임이 잘 풀리는 날에는 적은 금액을 따고 일어서려면 아쉬운 기분이 들 수도 있다. 그렇기에 이러한 날이라면 누구라도 조금 더 해보고 싶은 욕망을 느끼는 것도 충분히 이해할 수 있는 일이다. 하지만 천하의 항우가 쏜 화살도 떨어질 때는 힘이 없는 법, 언제까지나 계속 잘될 수만은 없다.

모쪼록 지금의 이야기를 거울삼아 여러분도 로우바둑이게임에서만이 아니라 또 다른 갬블에서도 여러분 나름대로의 원칙을 가져보기를 권한다.

이것으로 초급편의 모든 이론 설명을 마치겠다. 중급자 이상이라면 이미 알고 있는 이론도 많았으리라 생각한다. 하지만 초보자들을 위한 단락이었던 만큼 중급자 이상은 알고 있었던 부분들에 대해 다시 한 번 확인했다는 가벼운 기분으로 이해해주리라 굳게 믿는다. 그러면 잠시 휴식을 한 후, 중급편에서 좀더 수준 높은 이론을 만나보도록 하자.

포커, 머리 좋은 사람만 잘할 수 있는 게임일까?

필자가 『포커 알면 이길 수 있다』를 펴낸 후 지금까지 독자들로부터 참으로 수많은 종류의 질문을 받았다. 물론 거의 모든 질문이 포커에 관한 것이었는데, 가장 많았던 것은 '어떻게 하면 포커게임에서 돈을 딸 수 있느냐?'였다. 그리고 그 다음은 '머리가 좋아야만 포커를 잘할 수 있는 거냐?'라는 질문이었다.

과연 포커게임은 머리가 좋은 사람만 잘할 수 있는 걸까?

포커는 확률의 게임이라고 할 정도로 정확한 계산력이 필요한 게임이다. 그리고 머리가 좋은 사람이라면 당연히 정확한 계산 능력을 가지고 있을 것이다. 그렇다면 머리가 좋은 사람은 포커를 잘할 수 있다는 결론이 나온다. 그렇다. 머리가 좋다는 것이 포커게임을 잘하기 위한 필요 사항임은 틀림없다.

머리가 좋다면 일단 가장 먼저 떠오르는 것이 명문대를 졸업한 사람이다.

그런데 아주 재미있는 사실은 필자가 평생 동안 겪어 온 수많은 갬블러들 중에서 명문대 출신의 초일류 겜블러를 본 기억이 거의 없다는 것이다. 명문대 출신의 머리 좋은 사람들이라면 상대의 패나 스타일, 습관 등을 확실하게 기억할 수 있고, 정확한 계산에서도 보통 사람들보다 뛰어난 능력을 가지고 있을 텐데, 왜 그들 중에서는 초일류들이 거의 없는 것일까?

명문대 출신들은 포커를 즐기지 않기에 애초부터 갬블러 자체의 숫자가 적은 것일까? 아니다. 졸업생 대비 포커게임을 즐기는 비율로 본다면 명문대 출신들이 일반 사람들보다 많으면 많았지 적지는 않다. 정확한 통계에 의한 과학적인 근거가 있는 것은 아니지만 적어도 필자가 경험해온 바로는 틀림없는 사실이다.

그렇다면 명문대 출신의 머리 좋은 사람들 중에서 초일류 갬블러가 거의 없는 이유는 무엇일까?

머리가 좋은 사람들은 정확한 계산에 의한 결과만을 신뢰한다

머리가 좋고, 계산력이 뛰어나다는 것은 대부분 승부의 흐름이나 동물적인 승부 감각 등의 변수를 중시하지 않는 쪽으로 이어진다. 그들은 자신의 정확한 계산력에 의한 결과를 우선적으로 신뢰하는 경향이 강하기 때문이다.

그렇기에 그들은 정확한 계산에 의해 자신에게 조금이라도 유리하다고 생각되는 상황에서 승부를 하려고 한다. 물론 이것은 올바른 생각이다. 하지만 유리한 상황이라고 하여 그 결과가 반드시 승리로 이어진다고 생각해서는 안 된다. 포커게임의 승부에는 세계 최고의 슈퍼컴퓨터라고 할지라도 계산해낼 수 없는 변수가 너무나 많기 때문이다. 특히 큰 승부가 걸린 긴박한 상황일수록 승부 감각이라는 괴물은 불가사의한 위력을 발휘한다. 그리고 그 불가사의한 위력 앞에서 정확한 계산은 그저 하나의 참고자료에 지나지 않을 뿐이다.

포커가 정확한 계산대로만, 정해진 확률대로만 되어준다면 아마도 대학교의 수학 교수님들이나, 수학 천재들이 전 세계의 모든 포커판을 휩쓸 것이 분명하다. 하지만 절대 그런 일은 일어나지 않는다. 아니 포커의 고수들이 그런 일이 일어나지 않도록 만드는 것이라고도 할 수 있다.

앞에서 언급했듯이 고수들일수록 승부의 흐름이라는 변수를 읽는 능력이 뛰어나기 때문에 수학 천재들의 컴퓨터가 가동되기 힘든 상황에서 승부를 만드는 능력을 가지고 있다. 즉, 아무리 계산을 해도 손익계산서가 나오기 어려운 상황에서 큰 승부를 만들어 컴퓨터의 소프트웨어를 마비시켜버린다는 것이다.

이렇게 되면 수학 천재들의 입장에서는 컴퓨터를 다시 가동시켜서 확실한 계산서를 뽑아낼 수 있을 때까지 기다리든지, 아니면 조금 불확실하더라도 승부를 할 수밖에 없다.

그래서 만약 승부를 하게 된다면 이것은 서로가 불확실한 상태에서 승부가 걸린 것이기 때문에, 이때부터는 감각과 기세의 싸움이 된다고 볼 수 있다. 그렇다면 이 승부는 포커 고수 쪽이 유리할 수밖에 없다. 수학 천재는 전가의 보도가 컴퓨터 같은 확률을 기반으로 한 운영인데, 자신의 전공 분야가 아닌 포커 고수의 전공 분야에서 겨루게 되는 승부이기 때문이다.

큰 승부에서는 계산보다 감각이 우선할 수 있다

정확한 계산대로, 정해진 확률대로 결과가 나온다는 것은 거의가 평범한 상황에서의 승부일 뿐이다. 그렇기에 동물적인 승부 감각이 필요한 그런 큰 승부에서는 컴퓨터가 정답을 뽑아내기가 쉽지 않다는 사실을 명심해야 한다.

이처럼 포커게임에서는 (특히 큰 승부일수록) 정확한 계산력보다 동물적인 감각이 승부를 가름하는 결정적 변수로 작용하는 경우가 많다. 그런데 앞에서 말했듯이 머리가 좋은 사람들일수록 자신의 계산력을 최우선으로 신뢰하는 경향이 강하기 때문에 자연히 감각에 의한 승부에서는 조금이라도 뒤쳐질 수밖에 없다.

그리고 승부 감각이라는 부분과 아주 밀접한 관계가 있는 것이 바로 두둑한 배짱이다. 자신의 승부 감각을 믿고 큰 승부를 걸어야 하는 것이기에 그 결단에는 두둑한 배짱이 반드시 겸비되어야 한다. 그런데 이 두둑한 배짱이라는 요소 역시 정확한 계산과는 왠지 잘 어울리지 않는다.

또한 머리가 좋은 명문대 출신들의 한 가지 공통점은 그들 대부분이 처절한 투쟁심을 가지고 승부에 임하지 않는다는 점이다. 그들은 포커가 아니라도 다른 분야에서 얼마든지 성공할 수 있다는 자신감을 가지고 있기 때문인지는 몰라도, 승부에서 투쟁심이 부족하다는 것은 결정적인 약점이다. 특히 일류들 사이의 진검승부에서는 승부사로서 치명적인 결격 사유라고 할 수 있다. 그리고 이것이 바로 그들이 최정상의 자리에 오르지 못하는 또 하나의 큰 걸림돌이 된다.

이처럼 머리가 좋다는 것은 포커를 잘할 수 있는 여러 가지 요소 중 한 가지일 뿐, 머리가 좋은 사람들이나 수학 천재들이 반드시 포커를 잘할 수 있다고 말하기는 어렵다. 정확한 계산과 확률에만 의존하여 게임을 운영하는 사람들은 포커게임에 필요한 다른 요소들이 부족하여 오히려 성적이 안 좋게 나타나는 경우가 많다는 것이다.

그렇기에 머리가 남들보다 뛰어나지 않아도 그 이외의 여러 가지 요소들을 겸비하고 있는 사람들이 포커게임에서 훨씬 더 좋은 성적을 올릴 수 있다고 필자는 단언한다.

물론 머리가 좋은 사람들이 동물적인 승부감각, 두둑한 배짱, 처절한 투쟁심, 끝없는 인내 등등 여러 가지 요소를 모두 같이 겸비하고 있다면 이것은 호랑이가 날개를 다는 격이라고 할 수 있다. 하지만 필자는 아직까지 날개를 단 호랑이를 본 적이 거의 없다. 그리고 이것은 어쩌면 당연한 일인지도 모른다. 하느님은 공평하시기 때문이다.

로우바둑이게임 10계명

로우바둑이게임을 하는 초중급자 여러분들께서 단 한순간도 잊어서는 안 될 로우바둑이 게임의 열 가지 교훈에 대해 소개하겠다.

지금의 이 10계명은 앞이나 뒤에서 계속 다루게 되는 이론들 중에서 중요성을 감안하여 한 번 더 강조하는 것이니 반드시 명심하고 여러분들의 머릿속에 깊이 각인시켜 놓기 바란다.

1. 베팅 위치에 관하여

로우바둑이게임은 딜러의 좌측에서부터 시계방향으로 항상 베팅과 커트가 진행된다. 따라서 그림에서 보면 ①, ②는 가장 안 좋은 베팅 위치고 ③, ④는 중간, ⑤, ⑥(딜러)은 가장 좋은 베팅 위치다.

딜러

즉, 로우바둑이게임에서는 베팅 위치가 뒤쪽에 있을수록 좋다는 사실을 꿈에서도 명심해야 한다. 그러므로 자신의 베팅 위치가 좋을 때 승부하는 운영을 기본으로 삼아야 한다. 또 한 가지 유념해야 할 사항은 베팅 위치가 나쁠수록 처음부터 추라이를 깊게(좋게) 가지고 가고, 베팅 위치가 좋을 때는 상황에 따라 승부가 될 수 있는 추라이를 선택해야 한다.

2. 플레이어의 수에 관하여

우리나라에서의 로우바둑이게임은 거의가 다섯 또는 여섯명의 게임으로 진행된다. 하지만 다섯 또는 여섯 명이 아니고 플레이어의 수가 네 명, 세 명으로 줄어들면 줄어들수록 이길 수 있는 족보가 조금씩 낮아진다는 사실을 염두에 두어야 한다. 닭 잡는 데 소 잡는 칼이 필요하지 않다는 뜻이다. 즉, 플레이어 수가 많을수록 깊게(좋게), 플레이어 수가 적을수록 얕게(상황에 맞추어 적당히) 추라이를 선택하라는 의미다.

3. 로우바둑이게임은 아침에 추라이를 만들고, 점심에 메이드를 만드는 게임이다

아침커트 때에는 탑(한 장)을 바꾸는 상황이 아닌 한 무조건 메이드라는 단어는 머리에서 지워버리고 가능한 한 좋은 추라이를 만든다는 생각만을 가지라는 의미다. 그리고 점심커트 때는 탑을 바꾸는 상황이 되지 않으면 점심커트를 하지 말고 죽으라는 것이다. 또한 점심커트에 탑이 되어 들어가더라도 점심때 메이드가 되지 않으면, 기본적으로는 마지막 커트를 기대하지 말고 죽는 것을 원칙으로 삼아라.

4. 아침커트 전부터 베팅이 아주 심한 경우가 아니라면 가능한 한 아침커트는 참가하라

아침커트 전이라면 한 번 정도의 레이즈가 있더라도 금액상의 부담이 별로 없으므로 네 장을 모두 바꾸는 상황이 아닌 한 웬만하면 참가하는 버릇을 길러라. 특히 베팅 위치가 좋을 때는 네 장을 바꾸는 상황이라도 들어갈 수 있다

는 자신감을 가져라. 그리고는 아침커트에서 원하는 추라이(7추라이 정도)가
되지 않으면 바로 기권하면 된다.

5. 패턴스테이를 즐기지 마라

애당초 패턴스테이는 많은 돈을 이길 수 있는 카드가 아니다. 오히려 많은
돈을 잃어버릴 가능성이 훨씬 높은 위험한 카드임을 명심해야 한다. 지금 이
시간 이후부터는 특별한 경우를 제외하고는 무조건 10탑 이상은 패턴스테이
를 하지 않는다는 원칙을 가져라. 그리고 만약 9탑이나 10탑 등으로 패턴스
테이를 하더라도 게임 중에 레이즈를 맞으면 바로 죽는다는 생각을 가져라.

6. 마지막(저녁) 커트는 없다고 생각하라

추라이가 아무리 좋아도 마지막(저녁)에는 스테이집을 상대로 뜨려고 따라
가지 말라는 것이다. 이것은 로우바둑이게임을 하는 한 꿈에서도 잊어서는 안
될 명언 중의 명언이다.

로우바둑이게임을 처음 시작하는 초보자들일수록 추라이가 좋으면 메이드
집을 상대로 끝까지 따라가서 뜨려고 한다. 그러나 이러한 플레이야말로 고수
가 되기 위해서는 가장 먼저 버려야 할 아주 나쁜 운영 방식이다.

7. 공갈을 잡아내려고 하지 마라

공갈은 많이 시도해서도 안 되고, 또한 상대의 공갈을 잡아내려고 해서도
안 된다. 게임을 하다 보면 간혹 공갈을 시도할 수도 있고, 상대가 베팅을 할
때마다 매번 인정해줄 수도 없는 것은 사실이다. 그렇기에 간혹 공갈을 시도
해보기도 하고, 상대의 공갈을 체포하려고도 해볼 필요는 있다. 하지만 공갈
의 시도나 체포를 너무 자주 즐긴다면 돌아오는 결과는 올인밖에 없다.

8. 많이 죽을수록 승률은 올라간다

떠보고 싶은 카드를 모두 떠보고, 콜하고 싶을 때마다 콜을 하는 운영을 일삼는다면 로우바둑이게임을 하는 여러분의 앞날은 먹구름에서 벗어날 수가 없다. 아침커트 이후부터는 좋은 패를 이미 가지고 있는 경우를 제외하고는 무조건 많이 죽을수록 승률이 올라간다는 확신을 가져라.

9. 상대의 커트 수와 베팅 상황을 정확히 알고서 게임에 임하라

게임 도중 상대가 몇 장을 커트했는지, 또는 누가 베팅이나 레이즈를 했는지 물어보면 안 된다. 상대들의 커트 수나 베팅 상황을 제대로 파악하지 않고서 게임에 임하는 것은 이미 이기기를 포기한 것이나 마찬가지다. 상대들의 커트 수와 베팅 상황을 정확히 알고서 게임에 임해야 하는 것은 로우바둑이게임을 하는 사람의 첫 번째 의무임을 명심하라.

10. 레이즈를 한 판은 반드시 먹어야 한다는 생각을 버려라

이길 자신이 있는 판에서 승부를 크게 만들기 위해 레이즈를 하는 것은 너무도 당연하다. 하지만 레이즈의 의미는 이것뿐만이 아니다. 판을 흔든다, 밑밥 효과, 응수타진, 또는 자신의 패를 읽히지 않기 위해서 등등 그 효과는 여러 가지로 나타난다. 아울러 자연스럽게 게임의 주도권을 잡을 수 있는 혜택이 따라온다는 점이다. 향후에는 꼭 이길 자신이 있을 때만 레이즈를 하는 것이 아니라는 편안한 마음가짐을 가져라.

Q 5

당신은 이때 어떻게 하시겠습니까?

로우바둑이게임에서는 물론, 어떤 종류의 포커
게임에서도 베팅 위치의 앞뒤에 따라 큰
소득을 얻을 수도 있고 그렇지 못할
수도 있다. 또한 큰 피해를 입을 수
도 있고 최소의 피해로 막을 수도
있다. 이처럼 베팅 위치의 중요성은
아무리 강조해도 지나치지 않다. 그
리고 베팅 위치에 따라 적절한 베팅이나
레이즈를 선택함으로써 엄청나게 큰 승리를 얻
을 수도 있고, 반대로 적절치 못한 베팅이나 레이즈로 인해 기대했던 만
큼의 효과를 거두지 못하는 일도 얼마든지 발생한다. 지금의 말을 잘 새
기고서 이번 문제를 보자.

여섯 명의 로우바둑이게임이고 여러분의 베팅 위치는 앞에서 두 번째다.

• 아침커트 전 베팅 : A-베팅, B(여러분) - 콜, C- 콜, D- 레이즈, E-
콜, F(딜러) - 콜

A-콜, 여러분-콜, C-드롭

　• 아침커트 상황(베팅 순서대로) : A-2컷, 여러분-2컷, D-1컷, E-2컷, F-2컷

여러분은 아침 2컷에서 '♠2- ◆3-♥4-♣5'- 5탑으로 환상적인 메이드가 되었다.

　• 아침커트 후 베팅 상황 : 이 상황에서 A가 또 먼저 베팅을 하고 나왔다. 여기서 여러분은 어떻게 플레이를 해야 할까?

㉠ 콜만 하고 뒷집들을 데리고 간다.
㉡ 바로 레이즈를 하며 큰 승부를 노린다.

〈답〉

　　지금과 같은 상황은 하루에 한 번 나올까 말까 할 정도로 환상적인 상황이다. 그렇기 때문에 이러한 판에서는 최대한 큰 승부를 만들어 최대의 효과를 올려야 함은 너무도 당연하다. 아마도 대부분의 사람들이 '뒷집들을 달고 가야지……. 숨죽이고 콜만 하자'라고 생각하며 ㉠을 선택하리라. 하지만 그것은 하나만 알고 둘은 모르는 어리석은 플레이라는 사실을 이 순간부터는 반드시 깨달아야 한다. 지금과 같은 상황에서 콜만 하고 뒷집들을 데리고 가려 하는 플레이는 약간의 소득을 더 올리는 데는 분명 유력하겠지만, 큰 승부를 만드는 데는 엄청난 이적 행위가 된다.

　　지금처럼 스테이집이 한 명도 없는 상황에서 여러분이 2컷 이상으로 아주 좋은 족보가 만들어졌을 경우에는, 뒷집들을 달고 가려는 생각보다 우선시되어야 할 부분이 큰 승부를 만들어야 한다는 점이다.

　　이 부분에 대한 자세한 설명은 초급편, 2장 베팅의 요령, '뒷집을 달지 말아야 할 때' 단락을 참고하기 바란다.

　　정답 : ㉡

♥ 중급편

중급편

지금까지는 로우바둑이게임을 할 때 반드시 알아 두어야 할 기본 사항에 대해 주로 다루어 왔다. 그렇기에 크게 이해하기 어려운 부분은 별로 없었으리라 생각한다.

하지만 이제부터는 중급 이상의 실력자들을 위한 코너이기에 때로는 여러분들의 생각과 달라지는 경우가 생길 수도 있다. 그랬을 때 여러분의 생각이 무조건 맞다고 주장한다면 그 부분에 대해서 필자는 여러분의 생각을 존중하겠다는 말로서 대답하겠다. 그만큼 로우바둑이게임에서는 수많은 상황변화에 의해 선택이 달라질 수 있기 때문이다.

따라서 지금부터 필자가 얘기하는 여러 가지 이론들은 30년이 넘는 세월 동안 로우바둑이게임을 가까이해온 필자가 경험하고 느낀 점을 여러분들에게 설명 드리는 것이라고 생각해도 좋다.

필자의 경험이 여러분들에게 어떻게 받아들여질 지 단언할 수는 없지만, 단 한 가지 여러분에게 감히 약속드리는 것은 이 중급편과 그리고 뒤에 나오는 고급편도 확실하게 이해할 수 있다면 대한민국 어느 곳에 가서 로우바둑이게임을 하게 되더라도 여러분의 몸은 스스로 지킬 수 있다는 것이다.

1장 초이스편

　　지금부터 다루는 중급자 이상의 초이스 방법에는 '이때는 100% 이렇게 해야 돼'라는 식으로 단언하기 어려운 부분들이 간혹 나오게 된다. 즉, 상황에 따라 선택할 수 있는 정답이 두 가지가 되는 경우도 있다는 것이다.

　이러한 부분들은 게임을 운영하는 당사자들의 스타일과 상당히 밀접한 관계가 있어, 사람마다 선택이 바뀔 수 있기 때문이다. 따라서 이러한 경우에는 일반적으로 고수들이 가장 많이 사용하고 있는 초이스 요령을 기준으로 필자의 경험을 부가해 설명할 것이다. 때문에 그러한 부분들은 지금 이 단락에서 설명하는 여러 가지 이론들을 잘 이해한 후, 그때그때의 상황에 따라 여러분 스스로가 최후의 선택을 결정하면 된다.

　그럼 이제부터 고수들의 초이스 방법은 어떤 것인지, 한 가지씩 그 비밀을 풀어보도록 하자.

1. 3-4-8과 4-5-8의 차이

여러분이 무심코 넘겨버리는 작은 부분에서 파생되는 효과가 나중에 가서 엄청나게 큰 영향을 미치는 경우가 있으니, 바로 아침커트에서의 초이스 선택이다.

지금의 이 이야기는 로우바둑이게임의 초이스에 관한 아주 중요한 포인트를 함축하고 있다는 점을 명심하고, 그 의미를 잘 이해해 반드시 여러분의 것으로 만들기 바란다.

여섯 명의 로우바둑이게임이다. 아침(첫 번째)커트이고, 베팅 위치가 중간 정도라면 여러분은 Ⓐ, Ⓑ와 같은 카드가 각각 들어왔을 때, 어떤 초이스를 선택하겠는가?

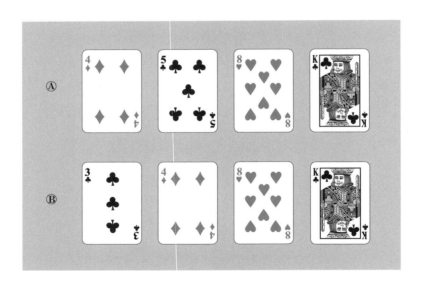

얼핏 보기에는 Ⓐ와 Ⓑ가 거의 비슷한 카드로 보일지 모르지만, 지금 의 Ⓐ와 Ⓑ는 실제로 차이가 많이 나는 카드다. 특히 스테이집이 없는 상태라면 Ⓐ와 Ⓑ는 완전히 다른 카드라고 봐야 한다.

그렇다면 Ⓐ, Ⓑ와 같은 카드가 처음에 들어왔을 때, 어떻게 운영을 해야 할까?

상대 중 누군가 스테이집이 있다면, 이때는 Ⓐ와 Ⓑ는 거의 똑같은 카 드라고 봐도 무방하다. 하지만 아침커트라면 상대가 스테이를 하고 있 을 가능성은 그리 높지 않다고 봐야 하며, 그랬을 때 Ⓐ와 Ⓑ의 운영 방 법은 하늘과 땅 차이다.

그럼 가장 큰 차이는 무엇일까? 그림에서 보듯, 바로 5와 3의 차이다. 즉 Ⓐ는 8 다음에 4-5, Ⓑ는 8 다음에 3-4이다.

조금 전에 언급했듯 Ⓐ 또는 Ⓑ를 가지고 있을 때, 상대 중 스테이집 이 있든지 혹은 여러분이 탑(한 장)을 바꾸는 경우라면 Ⓐ와 Ⓑ의 차이는 거의 없다. 하지만 여러분이 탑이 아닌 2컷을 한다면 그 차이는 실로 엄 청나다.

Ⓐ에서 ◆4-♣5를 가지고 2컷을 하면 추라이로 기대할 수 있는 카드는 A, 2, 3, 6, 7 중에 한 장이 들어오는 것이다.

Ⓑ에서 ♣3-◆4를 가지고 2컷을 하면 추라이로 기대할 수 있는 카드는 A, 2, 5, 6, 7 중에 한 장이 들어오는 것이다.

그렇다면 얼핏 보기에 '뭐가 다른가?'라며 의문을 제기할 수도 있을 것이다.

♥ 3-4와 4-5의 차이

하지만 두 가지를 잘 비교해보면 해답은 금방 나온다.

Ⓐ의 4-5를 가지고 갔을 때 최고의 추라이는 A-4-5이다. 그리고 이것은 추라이로는 승부하기 힘든 카드라고 봐야 한다. 4-5라는 카드는 이미 추라이로는 승부하기 힘든 카드라는 의미다. 다시 말해, 4-5를 가지고 가는 한 메이드가 안 되면 승리하기가 만만치 않다는 것이다(물론, 아주 간혹은 A-4-5 추라이로 이길 수는 있지만, 아주 작은 판일 것이 분명하다).

이 점을 명심해야 한다. 4-5를 가지고 가면 추라이로 승부가 어려우므로 반드시 메이드를 만들어야 하는데, 이때는 8도 버리기 아까운 숫자다. 그렇기에 Ⓐ와 같은 상황에서는 특별한 경우가 아닌 한, 한 장을 바꾸고 8추라이로 메이드를 노려본 후, 안 되면 일찍 승부를 포기하는 것이 올바른 운영 방법이다.

물론, Ⓐ의 경우 8을 커트하고 처음부터 2컷을 할 수도 있다. 이것도 실제로 가능한 방법이다. 그리고 그것은 여러분의 선택이다. 그러나 Ⓐ와 같은 경우에 2컷을 할 때는 8보다 더 좋은 메이드를 노리려는 의도일 뿐, 추라이로 승부할 수 있다는 생각을 해서는 안 된다.

그렇다면 이번에는 Ⓑ를 보자. 앞의 설명을 참고해보면 Ⓐ와는 많은 차이가 있다.

Ⓑ에서는 3-4를 가지고 가며, 2컷을 했을 경우 A나 2가 오면 A-3-4 또는 2-3-4라는 추라이가 된다. 이 정도 추라이라면, 이것은 추라이 자체로도 어느 정도 승부가 될 수 있는 족보다. 물론 큰 승부라면 이긴다고 보기 만만치 않지만, 어느 정도의 판이라면 승부가 된다고 볼 수

있다.

이것이 바로 4-5와 3-4를 가지고 2컷을 하는 데서 오는 엄청난 차이점이다. 그랬을 때 3-4를 가지고 아침에 2컷을 해서 A 또는 2가 와서 4 추라이가 될 확률이 약 17%나 된다는 점을 감안하면 이 방법도 꽤 매력 있는 초이스 방법이 아니겠는가?

즉, A나 2가 들어오면 추라이에서 강한 힘을 쓸 수 있고, A나 2가 들어오지 않으면 상황에 따라 바로 기권해 피해를 최소화할 수 있다는 이야기다.

따라서 Ⓐ든 Ⓑ든 탑(한 장)을 해도 좋고 2컷을 해도 좋다. 그것은 그때그때의 상황과 상대들의 스타일, 베팅 위치, 분위기, 자금 상황 등에 따라 본인이 선택하면 된다. 하지만 필자라면 특별한 경우가 아닌 한, Ⓐ에서는 탑을 바꾸고 아침에 바로 맞지 않으면 분위기를 봐서 죽는 선택을 하고, Ⓑ에서는 상대 중 패턴스테이가 있는 경우가 아니라면 2컷을 하겠다. 2컷을 한 후 A-2-5-6-7 등의 카드가 온다면 상황에 따라 그다음 작전을 세우고 싶다. 또한 Ⓑ의 경우 베팅 위치가 좋은 경우라면 상황에 따라 탑을 바꾸는 것도 고려해보겠다.

그렇다고 해서 필자의 방법이 어떤 경우에도 무조건 옳다고 주장하지는 않겠다. 단지 필자의 이야기를 참고로 그때그때 상황을 감안한 후, 어떤 선택을 할지 여러분 스스로가 결정하면 된다. 하지만 여러분이 어떤 선택을 하든, 3-4-8과 4-5-8이라는 카드가 가지고 있는 각각의 특징과 차이점을 이 시간 이후로는 반드시 기억해두고 있어야 한다.

지금 설명한 3-4-8과 4-5-8의 차이를 확실히 이해할 수 있을 때, 어

떤 어려운 초이스 상황을 맞이하더라도 훨씬 더 자신감을 가지고 여러
분의 길을 선택할 수 있는 것이다.

2. 패턴 2-3-4-10

여섯 명이 하는 로우바둑이게임이다. 전 판에 A-2-4 추라이가 말라
Q탑 메이드에게 지고 나서 살짝 뚜껑이 열리려고 하는 상황에서 다음 판
패가 돌아가는데…….

패를 받아보니 '2-3-4-10'으로 패턴 10탑 메이드였다. 여러분의 베
팅 위치는 네 번째. 그런대로 괜찮은 위치다.

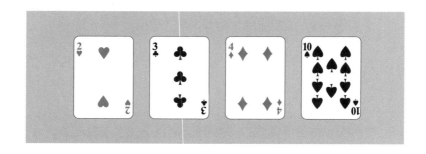

여러분은 패턴 10탑으로 메이드가 됐고, 또 추라이도 아주 좋고 해서
처음부터 판을 흔들었다. 판은 적당히 커진 상태.

여섯 명 중 두 명은 죽고 네 명의 승부다. 가장 앞에서 2컷을 하고 다
음 집이 탑(한 장)을 외쳤다. 이제 여러분의 순서다. 여러분은 여기서 스테
이를 할 것인가, 아니며 탑(한 장)을 커트할 것인가?

스테이를 하자니 추라이가 너무 좋고, 패턴 10탑으로는 레이즈를 맞을게 두렵기도 하고……. 커트를 하자니 상대가 10탑이나 그림으로 맞출 수도 있고, 추라이에서 질 수도 있고…….

지금과 같은 상황은 아마 하루에 한두 번씩은 경험할 정도로 심심치 않게 접하는 상황이다. 과연 어떤 선택을 하는 것이 잘 치는 카드일까?

이러한 상황에서는 무조건 10을 커트해야 한다. 패턴 10탑이라면 어차피 여러분은 판이 끝날 때까지 단 한순간도 마음을 놓지 못하고, '어디서 레이즈가 나오는 건 아닌가?' 또는 '레이즈가 나오면 그건 공갈이 아닐까?' 부들부들 떨면서 초조하게 결과를 기다려야 한다. 그리고 그 결과 역시 어떻게 나올지 아무도 장담할 수 없다.

반대로 처음부터 10을 커트하고 가면 스테이를 했을 때보다 조금 승률이 떨어지는 것은 사실이다. 그렇기에 어느 쪽이든 승리를 점치기 어려운 상황이다. 그렇다면 왜 처음부터 10을 커트해야 한다고 단언하는 것일까?

♥ 2-3-4-10보다 2-3-4가 더 매력적이다

2-3-4-10에서 10을 제외한 2-3-4라는 카드만을 놓고 본다면, 2-3-4 추라이는 한 시간에 한두 번 정도 올까 말까 할 정도의 아주 좋은 추라이다. 그러나 패턴 10탑이라는 카드는 그저 평범한 족보다. 그것이 2-3-4-10이든 7-8-9-10이든 모두 10탑일 뿐이다.

로우바둑이게임을 하는 사람 중에 10탑이라는 족보에 그렇게 큰 의미를 두는 사람은 없을 것이다. 그렇기에 2-3-4-10으로 패턴스테이를 한다는 것은 패턴 10탑이라는 어정쩡한 카드로 2-3-4라는 좋은 카드가 가진 잠재력을 처음부터 사장시켜버리는 결과를 초래하는 셈이다. 물론 처음에 10을 커트하고 2-3-4를 가지고 시작한다고 해서 꼭 좋은 메이드가 된다는 보장도 없고, 이긴다는 보장도 없다. 단지 많은 가능성을 가지고 있을 뿐이다.

하지만 2-3-4-10은 발전성이 없다. 그저 판이 끝날 때까지 초조해하며 이기게 되더라도 큰 승리를 얻기는 어렵다. 그렇기에 아주 특별한 경우의 예외는 있을 수 있겠지만, 일반적으로는 2-3-4라는 좋은 카드를 믿고, 처음부터 한 장을 바꾼 후 칼날 위에 같이 서서 진검승부를 선택하는 쪽이 올바른 방법이다.

아울러 한 가지 덧붙여서 이야기하고 싶은 것은, A-2-3이나 A-2-4 정도의 추라이라면 필자는 아침커트에서는 대부분의 경우 9탑도 커트한다는 사실이다. 9탑을 커트한다는 필자의 운영에 대해 '그건 지나친 무리'라며 부정하는 사람도 있으리라 생각한다. 하지만 패턴 9탑은 분명 좋은 카드이긴 해도, 큰돈을 이길 수 있는 기회와 큰돈을 잃을 수도 있는 위험을 동시에 가지고 있는 패라는 점을 잊어서는 안 된다. 그리고 이러한 커트 방법은 고수들의 상용수단이므로 어느 정도 이상의 수준에 올라 있는 중급자들이라면 반드시 한 번쯤은 생각해볼 필요가 있다는 점을 명심하기 바란다.

그러면 비슷한 예를 들어보도록 하자.

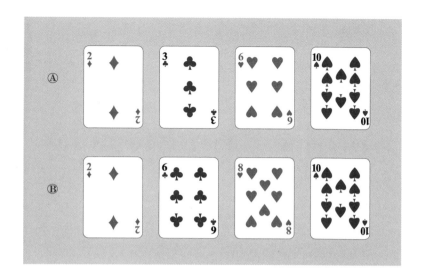

　Ⓐ와 Ⓑ 모두 패턴스테이다. 이와 같은 경우에는 어떻게 해야 할까?

　이것 역시 그때그때의 상황과 분위기에 따라 결정해야 할 부분이겠지만, Ⓐ와 같은 경우라면 필자는 세 번 중 한 번은 스테이, 두 번은 ♠10을 커트하는 정도다. 그리고 Ⓑ와 같은 경우라면 ♠10을 커트하든, 스테이를 하고 승부를 하든, 그때그때 상황에 따라 결정할 것이다.

　그랬을때 앞서도 언급한 적 있듯이 플레이어의 수, 베팅 위치, 자금 상황, 상대들의 스타일 등등의 요소가 어떤 선택을 할지 결정하는 중요한 열쇠가 된다고 말하겠다.

　특히 Ⓑ와 같은 경우는 ♠가 좋아하는 무늬라거나 또는 그날 따라 그 무늬가 잘 들어온다는 식의 기본적인 징크스도 상황이나 분위기와 함께 적지 않은 영향을 준다는 점도 이야기하고 싶다.

3. A-2가 6추라이보다 좋다

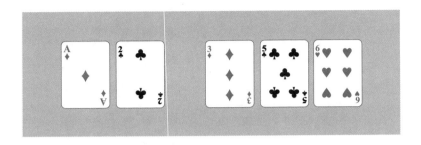

　㉠과 ㉡ 중 어느 하나를 선택해 게임할 수 있는 권한을 준다면, 여러분은 아침커트에서 어느 쪽을 가지고 출발하겠는가?

　점심커트라면 ㉠과 ㉡, 어느 쪽을 선택하겠는가?

　아마도 많은 분이 ㉡쪽을 우선 선택할 것이고, 그것이 올바른 선택이라고 할 수 있다. 그렇다면 A-2가 6추라이보다 좋다는 말은 어떤 의미일까?

　아침커트든, 점심커트든(저녁때는 ㉠을 가지고 승부할 일이 별로 없을 테니까) 상대 중 누군가가 스테이를 하고 있다면 이때는 100명이면 100명 모두 '㉠보다 ㉡이 훨씬 좋은 카드'라고 생각할 것이고, 사실 또한 그렇다. 아무래도 스테이집을 상대하는 데 2컷은 많은 무리가 따르는 승부이기 때문이다.

　그렇다면 상대가 탑(한 장)을 바꿨거나, 2컷을 한 상황이라면 어떨까?

　이때라면 여러 가지 생각을 해볼 필요가 있다. 이때는 스테이집이 없는 상황이기에 추라이의 중요성이 강조되는 시기라는 점을 염두에 두어야 한다.

♥ A-2에서 점심까지 5추라이를 만들 확률은 50%

만약 여러분이 상대할 사람의 패가 5추라이(A-3-5, 2-3-5, A-4-5 등) 정도의 카드라면 이때는 어떻게 될까? 이러한 상황은 실제로 상당히 자주 발생한다.

이와 같은 경우에 ㉠(◆A-♣2)과 같은 카드라면 ♥ ♠, 두 무늬 중 3, 4, 5 등을 떠서 추라이를 만들면, 일단 추라이로는 이길 수 있는 상황이 된다.

그랬을 때 ㉠과 같은 카드에서 아침커트를 해 3, 4, 5 등의 추라이를 뜰 확률은 대략 25% 정도에 이른다. 꽤 큰 가능성이다. 그리고 점심때까지 2컷을 하는 확률을 가정하면 거의 50%에 이르게 된다. 두 번에 한 번 정도의 가능성이다.

그리고 ㉡(◆3-♣5-♥6)의 입장에서는 이기기 위해 반드시 메이드가 돼야 한다. 이때 ㉡이 점심때까지 메이드가 될 확률은 약 38%이다. 그리고 ♥A, ♥2 등을 떠서 추라이를 좋게 만들 가능성도 있다.

이처럼 상대가 5추라이에서 메이드를 만들지 못한다고 가정했을 때는, ㉠이 ㉡보다 상대(5추라이)에게 이길 확률이 조금 높게 나타난다. 하지만 상대가 메이드를 만들 경우와 또 서로 같이 메이드를 만들 경우 등등 여러 가지 변수가 있기에 모든 면을 감안했을 때는 ㉡의 승률이 조금 더 높다. 그리고 ㉠과 ㉡의 1 : 1 승부 역시 ㉡쪽이 조금이라도 유리한 것이 틀림없다.

♥ A-2 라는 카드에 숨겨져 있는 매력

㉠과 ㉡의 맞대결에서도 조금이라도 ㉡쪽의 승률이 높고, 앞서 예로

들었던 5추라이와 같은 카드를 상대로 승부를 할 때도 ⓛ쪽의 승률이 조금이라도 높게 나타난다면 'A-2가 6추라이보다 좋다'라고 하는 것은 무슨 연유일까?

그 이유는, 큰 승부가 걸리는 판에서는 ⓣ쪽이 훨씬 더 강한 힘을 발휘하는 경우가 많기 때문이다. 물론, 그렇다고 해서 어느 누구도 6추라이보다 A-2가 좋다고 말할 수는 없다. 단지 서로가 비슷한 가능성이 있지만, A-2쪽이 여러 가지 매력을 가지고 있다고 해석하는 사람들이 많다고 생각하면 된다.

그래서 6추라이보다 A-2가 좋다고 하는 사람들을 자세히 살펴보면, 아마도 그들은 대부분 약간은 거친 베팅 스타일이고, 또한 로우바둑이 게임을 많이 해본 고수들임을 느끼게 될 것이다.

그들은 A-2를 가지고 감으로 5탑, 깨끗한 6탑 등으로 메이드가 돼 큰 승부가 만들어질 수 있다는 아주 조그만 가능성을 중시한다고도 볼 수 있다. 다시 말해, 그들은 첫 번째 커트에서 좋은 추라이를, 두 번째 커트에서 환상의 족보를 만들어 그림 같은 승부를 만들겠다는 가능성을 처음부터 버리고 싶지 않은 것이다.

그렇다면, 과연 A-2라는 카드가 6추라이보다 좋다고 주장하는 그들의 생각은 이처럼 환상적인 5탑, 6탑을 만들어 큰 승부를 올리겠다는 부분에만 있는 것일까?

그렇지는 않다. A-2가 6추라이보다 좋다고 하는 데에는 또 다른 한 가지 아주 중요한 부분이 있다. A-2가 6추라이보다 좋다고 주장하는 사람들은 A-2, A-3 등의 카드가 들어오면 당연히 아침에 판을 키울 것이다. 어쩌면 어정쩡한 6추라이를 가지고 있을 때보다 더욱 판을 흔들고 싶어 할지도 모른다. 그렇다면 이때 어떤 현상이 일어날까?

첫째, 2컷이기 때문에 상대에게 큰 경계를 당하지 않는다.
둘째, 추라이 싸움에서도 끌려다니는 플레이를 하지 않는다.

A-2라는 카드는 아직 추라이가 완성된 것이 아니라 단지 가능성을 가지고 있는 카드이기에 3, 4, 5 등의 카드만 따라온다면 바로(스테이집이 없는 상황에서는) 강력한 힘을 발휘할 수 있다. 이것은 바꿔 말한다면 추라이가 제대로 맞지 않았을 경우에는 상황을 봐서 바로 기권하면 된다는 이야기다. 그렇게 되면 아침에 판을 키운 데 들어간 약간의 금액 외에는 큰 피해가 없다. 즉, A-2는 추라이가 맞으면 강하게 힘을 쓸 수 있고, 추라이가 안 맞으면 바로 기권할 수 있다는 것이다. 선택의 결론이 명확하다는 의미다.

♥ 고수들일수록 A-2, A-3 같은 카드를 선호한다

로우바둑이게임의 고수들은 A-2 또는 A-3과 같은 카드를 가리켜 '깨끗한 카드'라고 표현한다. 이는 운영하기가 편하고 깨끗한 카드라는 의미다. 그렇기에 고수들은 A-2, A-3, 2-3과 같은 카드를 대부분 매우 선호한다.

물론, 그렇다고 해서 아무도 A-2가 6추라이보다 좋다고 단언할 수는 없다. 어찌 됐건 6추라이라는 카드의 승산이 A-2보다 조금 더 높게 나타나기 때문이다.

승률만을 놓고 보면 분명 6추라이가 A-2보다 조금 더 높은 것이 사실이다. 하지만 여기서 간과해서는 안 될 부분이 바로 같은 한 판일지라도 큰 승부의 경우라면 조그마한 판의 몇 배 또는 그 이상의 위력과 가치를 가지고 있다는 점이다.

그랬을 때 이러한 면에서는 어정쩡한 6추라이 못지않게 A-2도 분명 많은 매력을 가지고 있는 것은 틀림없다. 따라서 한마디로서 '6추라이가 더 좋다, A-2가 장점이 더 많다'라는 식으로 결론 내리기는 어렵다.

이 문제에 대한 해답 역시 그때그때의 게임 상황과 자금 상황, 상대들의 스타일, 베팅 위치 등등 여러 가지 변수를 모두 감안해야 하기 때문이다.

그렇기에 여기서 필자가 여러분에게 전하고 싶은 것은, 아침에 A-2, A-3과 같은 카드가 들어왔을 때 생각보다 상당히 좋은 매력적인 카드라는 인식을 가지라는 점이다. 지금의 이 말을 거울삼아 아침에 A-2-8, A-3-8, 2-3-8 등 아주 좋은 두 장의 카드를 가지고 있는 8탑 추라이일 경우 아무 생각 없이 8을 함께 가지고 가며, 8탑 메이드를 만들려는 초이스가 스스로 얼마나 많은 가능성을 버리는 플레인지 이제는 깨달아야 한다.

4. 2컷이 잘되는 날은 2컷으로 가라

로우바둑이게임은 여러분이 잘 알고 있는 세븐오디게임과는 달리 게임 도중에 카드를 바꾸는 게임이다. 본인의 의사에 따라 1~4장의 카드를 바꾸게 되는데, 게임을 하다 보면 '2컷을 하니까 패가 퍽퍽 잘 꽂히더라', '3컷을 할 때마다 추라이가 기막히게 들어온다'라는 식의 기분을 여러분들도 느껴본 적이 있을 것이다.

로우바둑이게임은 매번 커트 때마다 상황에 따라 한 장을 바꿀 수도 있고 두 장, 세 장, 경우에 따라서는 네 장을 모두 바꿀 수도 있다. 예를 들어,

처음에 이와 같은 카드가 들어왔다면 여러분의 베팅 위치가 중간일 경우 몇 장을 바꾸겠는가?

이와 같은 경우라면 1~4장, 어떤 선택도 할 수 있다.

그랬을 때 그 선택에 가장 큰 영향을 주는 것은, 여러 번 이야기했듯이 베팅 위치, 플레이어의 수, 자금 상황, 상대 플레이어들의 성향, 또는 판의 흐름을 바꾸기 위해 등등 여러 가지가 있다.

그렇기에 상황 상황에 맞게 본인이 잘 선택해야겠지만, 여기서는 그러한 기본사항들과는 다른, 필자가 오랜 세월 경험했던 상당히 적중률이 높은 이야기를 해주고자 한다.

그것은 바로 그날그날 여러분에게 행운이 따르는 커트를 하라는 것이

다. 여기에는 커트 수, 무늬, 숫자 등이 있겠지만, 그중 첫 번째로 꼽는 것이 바로 커트의 장 수이다. 즉, 몇 장을 커트하느냐 했을 때, 2컷이 잘 되는 날은 2컷으로 가라는 것이다.

게임을 하다보면 '2컷이냐, 3컷이냐', '탑(한 장)이냐, 2컷이냐'를 두고 고민할 만한 카드는 수없이 많다. 그래서 이럴 때마다 2컷이 잘되는 날은 고민하지 말고 항상 2컷으로 가라는 이야기다. 물론 2컷으로 가는데 성적이 계속 안 좋다면 그때는 방법을 다시 바꿔야겠지만, 일단 어느 정도까지는 그러한 방식을 고수해보라는 것이다. 그렇다면 그런 종류의 카드는 어떤 것인지 예를 들어 알아보도록 하자.

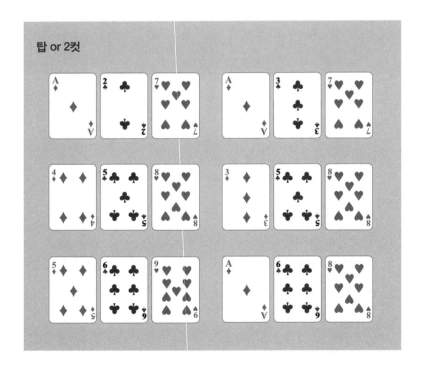

2컷 or 3컷

간단하게 예를 들었지만 위의 그림처럼 탑 또는 2컷, 2컷 또는 3컷(또는 박스)을 조금이라도 고민해야 할 상황에서는 주저하지 말고 2컷을 하라는 뜻이다.

이러한 초이스는 고수들이 즐겨 사용하는 방법이며, 직접 사용해보면 생각보다 상당히 효과가 크다는 것을 여러분도 피부로 느낄 수 있을 것이다.

사람에게는 누구나 리듬이라는 것이 있기 때문에 이러한 초이스 방법은 분명히 여러분에게 적지 않은 득을 주리라 필자는 확신한다. 그렇다고 해서 누구라도 탑을 커트해야 하거나 당연히 세 장이나 네 장을 커트해야 할 상황에서까지 억지로 두 장을 커트하라는 것은 절대 아니다. 단지 이쪽도 저쪽도 가능성이 있는 초이스 상황이라면 주저 없이 그날그날 잘되는 쪽을 커트하라는 이야기다.

3컷의 경우도 마찬가지다. A나 2, 3 등 한 장만 가지고 3컷을 하는데 좋은 초이스가 척척 붙는 날이라면 처음에 6 같은 숫자까지는 무조건 버리고 3컷을 하라는 의미다. 그랬을 때, 이러한 초이스 방법이 바로 고수들이 '포커게임을 할 때 운을 만들어간다'라고 하는 부분과 일치하는 방법을 말하는 것이기도 하다.

　어떤 종류의 포커게임에서든 잘 풀리는 경우에는 가능하면 흐름에 역행하는 행동을 하지 말아야 하고, 잘 안 풀릴 때는 어떻게 해서든 그 흐름이 바뀔 수 있도록 노력해야 한다. 그런 의미에서 2컷이 잘되는 날은 2컷을, 3컷이 잘되는 날은 3컷을 하며 흐름을 여러분의 것으로 만들어야 한다.

　♥ 천기에도 분명 흐름이 있다

　지금의 이 이야기는 '커트를 몇 장 할 것이냐?'에만 제한시켜 생각할 필요는 없다. 무늬도 그렇고 숫자도 마찬가지다. '오늘은 이 무늬가 잘 들어오니까', '오늘은 이 숫자가 잘 들어와'라는 식의 기분을 느낀다면, 게임 운영에 기분을 접목시킬 필요가 있다. 즉, 보통 때 같으면 죽을 상황이지만,

　'이번 판은 오늘 잘 들어오는 하트 추라이니까 한번 가보자.'

라든지, A와 2가 같은 무늬였을 때,

　'2를 버리는 게 정상이지만, 오늘은 왠지 A가 몹시 잘 들어오니까 A를 버려보자.'

라는 식이다. 물론 그날그날의 징크스에 따른 약간의 변칙 플레이가 정도를 크게 벗어나는 것이라면 그럴 필요가 없다. 즉, 도저히 들어가는 상황이 아닌 큰 부담이 있는 판에서 하트니까 들어간다든지, 추라이를 크게 차이 내면서까지 잘 들어오는 숫자를 노린다든지 하는 식의 운영을 해서는 안 된다는 것이다. 그렇지만 차이가 그리 크지 않다면 충분히 생각해볼 만한 방법이라고 할 수 있다.

여러분에게 다음번에 무슨 패가 들어올지 알 수 있는 능력만 있다면 머리 아프게 이런 책을 읽을 필요가 전혀 없다. 저 유명한 갬블의 세계 라스베이거스에 가서 황제 대접을 받으며 누구보다 호화롭고 즐거운 생활을 즐기면 된다.

그러나 그것은 천기누설에 해당하는 일이며, 현실에서는 불가능하다. 그렇지만 천기에도 분명 흐름이라는 게 있을 수 있고, 그것에 조금이라도 더 정확히 접근할 수 있다면 한 번쯤 시도해볼 만하지 않겠는가?

포커 게임의 고수들은 한결같이 승부의 흐름이나 승부감각 등을 상당히 중시한다. 그래서 그들은 승부의 흐름이 자신에게 좋다고 느껴질 때 과감하게 승부를 걸어간다. 그리고 그 결과 역시 좋은 쪽으로 나타나는 경우가 많다.

중국 역사상 최고의 지모로 우리에게 잘 알려져 있는 제갈량을 능가한다는 곽가. 곽가가 일찍 죽지 않았다면, 중국 역사의 판도가 완전히 달라졌을 수도 있다. 그 최고의 지모가 일찍 죽은 것이 바로 천기누설을 너무 많이 했기 때문이라고 말할 정도다. 곽가를 보면 천기도 조금은 누설될 수 있는 모양이다.

5. 가장 어려운 카드 A-2-7

필자가 로우바둑이게임을 접하게 된 지 벌써 30년이 훨씬 더 지났는데도, 아직까지 들어올 때마다 '탑을 해? 2컷을 해?' 하고 흔들리는 경우가 있다. 바로 아침커트에 다음과 같은 카드가 들어 왔을 때다.

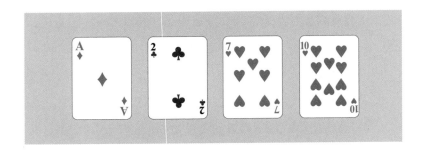

아침커트에 A-2-7 추라이다.

7까지 커트하고 2컷으로 가려니 왠지 7을 버리기가 아까운 기분이 들고, 7을 가지고 가며 탑(한 장)을 커트하려니 A-2라는 카드가 너무 좋아서 아쉬운 생각이 든다.

필자가 오랫동안 고민해온 이 문제에 대해 많은 분이,

"그건 고민할 문제가 아니다. 무조건 7을 가지고 가며 한 장을 바꿔야 한다. 7을 버리는 건 말이 안 된다."

라고 주장하리라 생각한다. 물론 그러한 주장이 정답일지도 모른다. 필자 역시 아침커트가 아닌 점심이나 저녁때라면 7을 가지고 가며 한 장을 바꿔야 한다는 주장에 동의한다. 그런데 아침커트라면 필자는 두 가지 모두 충분히 가능성이 있는 초이스 방법이라고 생각한다. 상황에 따라 그 선택이 바뀔 수 있기 때문이다.

그렇기에 로우바둑이게임을 시작한 지 얼마 되지 않은 초보자들이라면 아무 생각 없이 한 장을 바꾸고 A-2-7 추라이로 가면 된다. 하지만 일정 수준 이상에 올라 있는 중급자 이상이라면 반드시 한번 짚어봐야할 중요한 부분이다.

그렇다면 A-2-7을 가지고 있을 때, 어떤 경우에 7을 버리는 게 좀더 효과적이고, 어떤 경우에 7을 가지고 가야 할까?

♥ 아침에 A-2-7을 가지고 있을 때의 커트 요령

첫째, 베팅 위치가 앞쪽일수록 7을 버려라!

A-2-7을 가지고 아침커트를 할 때 가장 먼저 생각해야 할 부분은 바로 베팅 위치다.

로우바둑이게임의 기본 원칙 중 하나가 베팅 위치가 나쁠 때는 가능하면 추라이를 좋게 가고, 또 큰 승부를 만들지 말라는 점이다. 그렇기에 베팅 위치가 나쁠 때는 메이드가 돼도 뒷집들의 상황 여하에 따라 계속 불안할 수밖에 없는 7이라는 카드를 아예 처음부터 버리라는 이야기다.

아침커트 때라면 그 판이 끝날 때까지 아직 세 번의 베팅이 남아 있다. 그리고 이 세 번의 베팅 때마다 계속 나쁜 베팅 위치에서 먼저 베팅을 시작해야 하는 것은 생각보다 상당히 큰 핸디캡이다. 그렇기 때문에 이럴 때는 처음부터 7이라는 어정쩡한 카드는 포기하고 확실한 패를 기대해 본 후 아니면 바로 기권하라는 것이다. 이렇게 이야기하면,

"7이 왜 어정쩡한 카드냐? 로우바둑이게임에서 7탑만 메이드되면 거의 이긴다."

라며 의문을 제기할지도 모르겠다. 맞는 말이다. 7탑이 메이드가 된다면 거의 이길 수 있는 것은 분명한 사실이다. 그런데도 필자가 여기서 7을 어정쩡하다고 표현한 것은 바로 A-2라는 카드 때문이다. 즉, A-2가 워낙 좋은 카드이기에 7탑 추라이로 묶어 처음부터 A-2의 위력을 사

장시켜버리는 것이 조금 아깝다는 뜻이다. 그렇기에 A-2가 아니라 3-4 정도만 돼도 아침커트에서 7은 무조건 가지고 가야 하는 게 맞다. 이런 경우라면 필자 역시 7을 가리켜 어정쩡한 카드라는 식의 표현을 사용하지 않는다.

이러한 이유로 베팅 위치가 나쁜 앞쪽에 있을수록 7을 버리는 것이 올바른 초이스 방법에 가깝다는 것이다.

둘째, 여러분의 자금이 적을수록 7을 가지고 가라!

여러분의 자금이 적을수록 7을 가지고 가는 초이스를 해야 한다. 자금이 적을 때 가장 급선무는 일단 메이드를 완성시키는 것인데, 이때 7이라는 카드는 너무 중요한 숫자이기 때문이다.

셋째, 패턴스테이집이 있을 때는 무조건 7을 가지고 가라!

만약 여러분 앞 순서에 있는 사람 중 누군가가 패턴스테이라면, 이때는 모든 상황을 뒤로 한 채 무조건 7을 가지고 가야 한다.

넷째, 플레이어의 수가 적을수록 7을 가지고 가라!

다섯째, 승부를 걸고 싶고, 공격적인 플레이를 원한다면 7을 가지고 가라!

여러분이 승부를 걸고 싶고 공격적인 플레이를 원한다면, 이때는 7을 가지고 가는 선택이 올바르다. 반대로 만약 여러분이 승부보다는 안정적인 플레이를 원한다면 7을 버려도 좋다. 바꿔 말해, 여러분이 이길 만 큰 이긴 상태고, 상대들이 거칠게 나오고 있는 분위기라서 안전에 우선을 두고 싶을 때는 7을 버리고 나서 3-4-5-6 등의 카드로 추라이가 되지 않으면 바로 기권하는 스타일도 고려해볼 만한 방법이라는 것이다.

몇 가지 예를 들어 A-2-7이라는 카드가 처음에 들어왔을 때의 선택에 관해 알아봤지만, 이러한 경우는 어느 누구라도 무조건 이렇게 해야 한다고 단언하기 어려울 정도로 미묘한 부분이다. 따라서 지금의 설명을 이해한 후, 항상 그때그때의 상황에 맞는 선택 방법을 여러분 스스로가 가지고 있어야 한다.

로우바둑이게임 3타임에서
각각의 족보를 잡을 확률

A-2-3으로 출발해 '로우 퍼펙트(A-2-3-4)'를 잡을 확률

㉠ 첫 번째 커트에서 잡을 확률 $= \dfrac{1}{48} \fallingdotseq 0.0208$

㉡ 두 번째 커트에서 잡을 확률 $= \dfrac{47}{48} \times \dfrac{1}{47} \fallingdotseq 0.0208$

㉢ 세 번째 커트에서 잡을 확률 $= \dfrac{47}{48} \times \dfrac{46}{47} \times \dfrac{1}{46} \fallingdotseq 0.0208$

㉠+㉡+㉢ $\fallingdotseq 0.0624 \fallingdotseq (6\%)$

ⓐ A-2-3으로 출발해 마지막까지 갔을 때 '로우-5'까지를 잡을 확률 :
0.122(≒12%)

ⓑ A-2-3으로 출발해 마지막까지 갔을 때 '로우-6'까지를 잡을 확률 :
0.180(≒18%)

ⓒ A-2-3으로 출발해 마지막까지 갔을 때 '로우-7'까지를 잡을 확률 :
0.234(≒23%)

ⓓ A-2-3으로 출발해 마지막까지 갔을 때 '로우-8'까지를 잡을 확률 : 0.286(≒29%)

ⓔ A-2-3으로 출발해 마지막까지 갔을 때 '로우-9'까지를 잡을 확률 : 0.336(≒34%)

ⓕ A-2-3으로 마지막 커트에 '로우 퍼펙트'를 잡을 확률 : 0.023(≒2.3%)

ⓖ A-2-3으로 마지막 커트에 '로우-5'까지를 잡을 확률 : 0.047(≒4.7%)

ⓗ A-2-3으로 마지막 커트에 '로우-6'까지를 잡을 확률 : 0.070(≒7.0%)

ⓘ A-2-3으로 마지막 커트에 '로우-7'까지를 잡을 확률 : 0.093(≒9.3%)

ⓙ A-2-3으로 마지막 커트에 '로우-8'까지를 잡을 확률 : 0.116(≒11.6%)

ⓚ A-2-3으로 마지막 커트에 '로우-9'까지를 잡을 확률 : 0.140(≒14%)

ⓛ A-2에서 아침2커트에 '로우 퍼펙트'를 잡을 확률 : 0.002(≒0.2%)

ⓜ A-2에서 아침2커트에 '로우-5'까지를 잡을 확률 : 0.005(≒0.5%)

ⓝ A-2에서 아침2커트에 '로우-6'까지를 잡을 확률 : 0.011(≒1.1%)

ⓞ A-2에서 아침2커트에 '로우-7'까지를 잡을 확률 : 0.018(≒1.8%)

ⓟ A-2에서 아침2커트에 '로우-8'까지를 잡을 확률 : 0.027(≒2.7%)

ⓠ A-2에서 아침2커트에 '로우-9'까지를 잡을 확률 : 0.037(≒3.7%)

ⓡ A-2에서 아침2커트에 '로우-10'까지를 잡을 확률 : 0.050(≒5.0%)

ⓢ A-2에서 점심2커트에 '로우 퍼펙트'를 잡을 확률 : 0.002(≒0.2%)

ⓣ A-2에서 점심2커트에 '로우-5'까지를 잡을 확률 : 0.006(≒0.6%)

ⓤ A-2에서 점심2커트에 '로우-6'까지를 잡을 확률 : 0.012(≒1.2%)

ⓥ A-2에서 점심2커트에 '로우-7'까지를 잡을 확률 : 0.019(≒1.9%)

ⓦ A-2에서 점심2커트에 '로우-8'까지를 잡을 확률 : 0.029(≒2.9%)

ⓧ A−2에서 점심2커트에 '로우−9'까지를 잡을 확률 : 0.041(≒4.1%)

ⓨ A−2에서 점심2커트에 '로우−10'까지를 잡을 확률 : 0.054(≒5.4%)

• ⓕ∼ⓚ에서의 커트 수는 아침=3커트, 점심=2커트, 저녁=1커트을 기준으로
했음을 밝혀둔다.

• ⓢ∼ⓨ에서의 커트 수는 아침=2커트, 점심=2커트을 기준으로 했음을 밝혀
둔다.

Q6

당신은 이때 어떻게 하시겠습니까?

다섯 명이 하는 로우바둑이게임이다. 여러분은 '2-5-8-10', 10탑으로 패턴스테이였기에 처음부터 판을 키우며 승부를 걸었다. 상대 중 한 명은 죽고 총 네 명의 승부다. 그리고 남은 네 명 중 여러분의 베팅 위치는 앞에서 두 번째다.

• 아침커트 상황(베팅 순서대로) : S-탑(한 장), 여러분-스테이, M-2컷, D-탑(한 장)

• 아침커트 후 베팅 상황 : S-삥, 여러분-하프, M-콜, D-레이즈
S-콜, 여러분-콜, M-드롭

- 점심커트 상황(베팅 순서대로) : S-탑, 여러분-스테이, D-스테이

- 점심커트 후 베팅 상황 : S-삥, 여러분-삥콜, D-하프

  S-드롭

이제 여러분의 차례다. 지금과 같은 경우 역시 지겹도록 자주 접하는 상황이다. 과연 여기서는 어떻게 대응하는 것이 올바른 선택일까?

㉠ 콜
㉡ 드롭

〈답〉

'이게 어디서 공갈을……'이라고 생각하며 끝까지 콜을 하고 승부를 걸어야 할까? 아니면 인정을 해주고 승부를 포기해야 할까?

지금은 아쉬움을 달래고 카드를 덮어야 한다. 그리고 부가해서 해주고 싶은 얘기는 지금과 같은 상황에서는 아예 아침커트 후 레이즈를 맞았을 때 바로 죽을 수 있다면 그것이 더 잘한 플레이라는 점이다.

이 부분에 대한 자세한 설명은 초급편 공갈 '밀어내기에는 밀려줘라' 단락을 참고하기 바란다.

정답 : ㉡

2장 베팅편

어느 곳을 가도 판에 있는지조차 느끼기 어려울 정도로 레이즈 한 번 제대로 못하고 시종일관 체크, 콜만을 일관하다가 어느 사이엔가 올인을 당하고 조용히 사라지는 사람들이 있다. 반대로 한 판이 멀다하고 쉼 없이 레이즈를 하며 판을 흔드는 사람도 있다. 그렇다면 이 두 사람에게 들어오는 패가 그렇게 다른 것일까?

아주 특별한 날이라면 그럴 수도 있겠지만, 보통의 경우 들어오는 패와 큰 상관없이 당사자의 운영 스타일에 따른 차이며, 바로 베팅 실력의 차이라고 봐야 한다.

그렇다면 로우바둑이게임에서 한 단계 높은 수준으로 도약하기 위한 베팅의 노하우는 어떤 것인지 지금부터 알아보도록 하자.

1. 고수들의 베팅 요령

　당구장에 가면 당구를 잘 치는 사람이 가장 멋있고, 볼링장에 가면 볼링 고수가 최고의 대접을 받고, 기원에 가면 바둑 고수가 누구보다 우선한다. 이러한 특별한 장소에서는 그 이외의 조건들은 감춰지기 때문이다.

　또한 고수들에게서는 모두 그 분야의 실력자다운 강한 기운이 느껴지고, 그리 오랜 시간이 지나지 않아 주변의 모든 사람에게도 그러한 기운이 전달된다. 고수들에게서만 뿜어져 나오는 기가 주변을 압도하기 때문이다. 그래서 그들의 행동은 한 가지 한 가지 다 의미가 있어 보이고 멋있게 느껴지는 법이다.

　이러한 현상은 포커게임에서도 예외가 아니다.

　짧게는 30분, 길어도 두세 시간 정도만 같이 게임을 해보면 고수들은 베팅이나 게임 운영 등 여러 가지 면에서 그 분위기가 느껴진다. 그런데 앞서 말한 당구나 바둑, 볼링 등의 고수와 포커의 고수는 엄청나게 큰 차이가 한 가지 있다. 포커의 고수들은 거의가 자신의 실력을 가능한 한 노출시키려 하지 않는 반면, 당구나 바둑, 볼링의 고수들은 자신이 고수라는 것을 만천하에 알리고 싶어 한다는 점이다.

　그 이유는 간단하다. 포커(로우바둑이게임)에서는 너무 고수라고 소문이 나면 상대들이 같이 게임하기를 꺼리게 된다. 즉, 취직을 하기가 어려워진다는 의미다. 하지만 당구나 바둑, 볼링 같은 게임은 상대가 고수면 고수일수록 더욱더 같이 게임을 해보고 싶어 한다. 그리고 실제로도 이러한 게임이 어렵지 않게 성사된다. 이러한 종목들에서는 고수가 하수에게 어드밴티지를 주고서 승부를 할 수 있기 때문이다.

그렇기에 하수들 입장에서도 승부를 피할 이유가 별로 없다. 물론 어드밴티지를 하수에게 유리하게 주지는 않기에 승률이 떨어지는 것이야 어쩔 수 없지만 아주 지옥은 아니라는 것이다. 거기에 일류 고수와 승부를 했다는 것만으로도 그 가치와 의미를 가질 수 있지 않겠는가.

♥ 헤비급과 플라이급이 같은 링에서 승부하는 게임

그렇지만 로우바둑이게임에서는 천하 없는 고수와 오늘 배운 초보자라 할지라도 게임 중에 어드밴티지를 준다는 것은 있을 수 없는 일이다. 바꿔 말해 권투나 유도 같은 체급경기에서 헤비급과 플라이급이 같은 링에서 같은 조건으로 경기를 하는 것과 같다.

고수라고 해서 커트를 두 번만 하게 할 수도 없고, 하수에게 커트 기회를 네 번 줄 수 있겠는가? 하수라고 해서 베팅 금액을 반으로 줄여줄 수 있겠는가?

물론, 아주 간혹은 'A를 접어준다(고수는 A가 들어왔을 때 버려야 하는 룰)'라는 식의 어드밴티지를 주는 경우도 있지만 현실적으로 쉽지 않은 일이다.

그렇기에 로우바둑이에서는 하수가 고수를 이기는 건 거의 불가능에 가깝다고 할 수 있으며, 하수와 고수가 함께 게임을 할 일이 자연스럽게 적어질 수밖에 없다.

그래서 로우바둑이게임의 고수들은 가능한 한 자신의 실력을 드러내지 않으려 한다. 이러한 이유 때문에 고수들은 카드나, 칩, 돈 등을 허술

하게 다루는 등 겉으로 드러나는 행동을 자제하는 경우가 많다.

하지만 아무리 카드나 칩, 돈을 어설프게 다루더라도 게임에서 계속 좋은 성적을 낸다면 이것은 아름다운 말이 필요 없는 상황이다. 좋은 성적이 이어진다는 것은 실력이 좋다는 것 외에 달리 설명할 길이 없다는 이야기다.

그렇기에 고수들은 웬만해선 티를 내지 않으려 노력하는 것이 당연하다. 고수들에게는 좋은 직장에 한 번이라도 더 취직을 할 수만 있다면 그것은 바로 돈이기 때문이다.

앞에서도 이야기했듯이, 아무리 감춰도 실력은 언젠가 드러날 수밖에 없지만, 그 실력을 조금이라도 더 빨리 간파할 수 있다면 여러분의 포커 인생에 엄청난 도움이 된다. 더 나아가 그러한 고수들의 게임 운영 기술을 여러분의 것으로 만들어야 한다.

그렇다면 게임 중에 나타나는 로우바둑이게임 고수들의 특징은 어떤 것들이 있는지 알아보자.

♥ 게임 중에 나타나는 고수들의 특징

첫째, 아침에만 씩씩하고 점심때부터는 비겁하다.

둘째, 스테이를 자주한다.

셋째, 베팅과 레이즈를 주도한다.

넷째, 상대가 더 세게 나오면 바로 꼬리를 내린다.

다섯째, 패턴스테이를 자주 하지 않는다.

여섯째, 탑으로 스테이집을 상대로 마지막에 뜨러 가지 않는다.

이외에도 여러 가지가 더 있을 수 있겠지만 중요한 사항들을 간추려 보면 대략 이 여섯 가지 정도로 요약된다. 그랬을 때 이 여섯 가지 사항의 특징을 가만히 보면 아래의 두 가지로 주를 이룬다고 볼 수 있다.

· 게임의 주도권을 잡는다(첫째, 둘째, 셋째).
· 불확실한 큰 승부를 피한다(넷째, 다섯째, 여섯째).

이처럼 로우바둑이게임의 고수들은 게임의 주도권을 잡으면서도, 불확실한 큰 승부는 철저하게 피한다는 두 가지 큰 원칙을 대부분 기본으로 한다. 얼핏 듣기에는 게임 중에 베팅과 레이즈를 주도하며 판을 이끌어간다는 것은 공격적인 스타일로 느껴진다. 그렇기에 이런 스타일이라면 50 : 50 정도의 승산이 있는 승부라면 전혀 마다하지 않고 승부를 걸어 올 것이라 생각할지도 모르겠다. 하지만 일류 고수들일수록 아주 특별한 경우를 제외하고는 50 : 50의 승부에 지나치게 큰 것을 걸지 않으며, 그리고 이 사실이 무엇을 의미하는지 여러분은 잘 이해해야 한다.
이 부분에 대해서는 뒤의 '고수를 잡는 공갈, 하수를 잡는 공갈' 단락을 참고하기 바란다.

♥ 고수들은 아침에는 씩씩하지만, 점심, 저녁때는 비겁해진다
로우바둑이게임의 고수들은 베팅이나 레이즈를 해도 금액적으로 큰 부담이 되지 않는 게임 초반(아침커트 전후)에는 아주 씩씩하고 공격적이다. 하지만 한 번의 콜이나, 베팅, 레이즈가 금액적으로 부담이 커지기 시작하는 게임 후반(점심커트 후부터)에는 거의 대부분 비겁해진다.

그런데 아주 재미있는 사실은 로우바둑이게임을 하는 어느 누구도 아침 전후에 씩씩한 모습을 나타내면 점심 이후에 비겁한 것에 대해서는 아무도 논하지도 않고, 코를 판다고 타박하지도 않으며 실제로도 코를 판다고 생각하지 않는다는 점이다.

그리고는 아침커트 전에 자주 죽는 것을 가지고 '너무 코를 판다', '게임을 너무 타이트하게 한다'라며 핀잔을 준다. 진정으로 코를 파고 타이트한 플레이는 점심때 이후부터 한 번의 베팅에 큰돈이 들어갈 때, 웬만해서는 따라가지 않는 그런 플레이라는 것을 대부분의 사람들이 느끼지 못하고 있기 때문이다.

실제로 일류 고수들은 스테이집이 있으면(그것이 탑 스테이든, 2~3컷 스테이든) 마지막 커트만 남겨놓은 상황에서는 A-2-3, A-2-4 등과 같이 아무리 추라이가 좋아도 잘 따라가지 않는다. 고수들은 로우바둑이게임에서 메이드를 만들기가 얼마나 어려운지를, 더욱이 그것이 마지막커트라면 부가 가치마저 많이 떨어진다는 점을 너무도 잘 알고 있기 때문이다. 이처럼 고수들은 점심 이후에는 비겁해 지는데도 대부분의 사람들은 그 사실을 눈치채지 못한다. 이것이 바로 아침에 씩씩한 플레이를 함으로써 얻어지는 효과다.

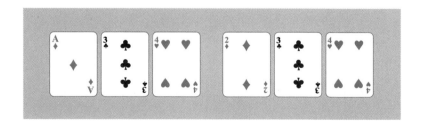

그리고 앞의 여섯 가지 사항 중 넷째 '상대가 더 세게 나오면 바로 꼬리를 내린다'는 말이 의미하는 뜻도 반드시 한 번쯤 음미해볼 필요가 있다. 이것은 어정쩡한 메이드를 가지고 있을 때만을 의미하는 것이 아니다. 서로가 추라이 상태에서도 적용된다.

점심때 같이 탑(한 장)을 커트한 상황에서 A-3-4, 2-3-4등의 좋은 추라이를 가지고 있고 1 : 1의 승부라면 누구라도 베팅을 하고 나갈 상황이 분명하다. 하지만 베팅을 하고 나갔다가 레이즈를 맞으면, 하수들이라면 10중 8, 9는 죽는 일이 없다. 거의가 콜을 하고 따라 간다는 것이다. 하지만 이때에도 고수들은 다르다.

점심때 같이 탑을 커트한 상황에서 앞에서 미리 치고 나갔는데 뒤에서 레이즈를 한다는 것은 상대가 메이드가 되었든지, 아니면 공갈로 밀어내기를 하는 것이든지, 무조건 이 두 가지 중 한 가지 상황이다(간혹은 상대가 A-2-3, A-2-4등과 같이 아주 좋은 추라이를 가지고 있을 때도 있겠지만 이것은 메이드나 크게 다를 게 없다).

그런데 이 두 가지 중 어떤 경우라도 일단 괴로운 승부이다. 그렇기에 그러한 상황에서 레이즈를 맞았을 때 고수들의 선택은,

① 상대를 메이드로 인정해주며 카드를 꺾는다.
② 상대가 공갈을 시도한 것이라 판단하며 끝까지 콜을 한다.

이 둘 중 한 가지다. 하수들처럼 상대를 무조건 메이드로 인정해주고 일단 콜을 하고 들어가서 못 뜨면 죽는, 그런 어리석은 플레이를 하지 않

는다는 것이다.

그랬을 때 고수들의 선택은 거의 대부분 ①번 쪽이다. 물론 아주 작은 판이라면 얘기가 달라질 수도 있겠지만, 어느 정도 이상의 돈이 쌓인 판이라면 고수들의 선택은 ①번 쪽이 압도적으로 많다는 의미이다.

그리고 이것은 앞의 이론 중 여섯째, '탑으로 스테이집을 상대로 마지막에 뜨러 가지 않는다'라는 부분과도 이어지며, 또한 불확실한 큰 승부를 피한다는 고수들의 기본 성향과도 일치한다.

이처럼 고수들은 주변에서 보기에는 엄청나게 판을 흔들고 베팅과 레이즈를 막 하는 것처럼 보이지만 그것은 투자가 적은 초반에서일 뿐이고, 후반부터는 아주 타이트한 비겁자가 된다는 사실을 명심해야 하다.

2. 상대의 돈에 따른 베팅 요령

로우바둑이게임을 할 때 베팅 위치와 플레이어의 수에 따라 운영이 바뀌어야 한다는 점에 대해서는 이미 언급한바 있다. 그런데 또 한 가지 게임 중에 여러분이 반드시 체크해 두어야하는 중요한 점이 있으니 바로 상대와 여러분의 자금 상황이다. 상대와 여러분의 자금 상황에 따라 베팅 운영이 변해야 하기 때문이다.

그렇다면 이것이 무엇을 의미하는지, 그리고 구체적으로 어떤 상황에서 어떻게 대처해야하는지 알아보도록 하자.

첫째, 둘 중 한 명이 더 이상 레이즈를 하거나 받을 돈이 없을 때

상대가 미리 스테이를 하고 점심때 베팅을 하며 거의 올인 비슷한 상황이 되었는데, 자신의 추라이가 좋다고 하여 콜을 하고 따라가는 플레이야 말로 절대로 하지 말아야할 어리석은 플레이의 표본이다.

이미 여러 차례에 걸쳐 스테이집을 상대로 저녁(마지막)커트에 뜨려고 따라가는 그런 승부를 해서는 안 된다고 강조해왔다. 하지만 매번 승부를 포기할 수는 없기에 가끔 한 번씩은 승부해볼 수 있다고 했다. 그리고 승부할 수 있는 상황 중 하나가 바로 배당이 좋을 때라는 것도 이미 밝힌 바 있다.

그런데 상대가 점심때 베팅을 하고 나서 거의 올인 상태라 한다면, 이것은 여러분이 마지막 커트에 힘들게 좋은 메이드를 만들어도 더 이상의 배당이 없는 상황이다. 즉, 아무리 좋은 카드를 만들어도 더 이상의 부가가치가 없는 최악의 상황이라는 것이다. 그렇기에 이러한 상황에서 추라이가 좋다고 하여 콜을 하고 따라가는 승부를 해서는 절대 안 된다.

이러한 어리석은 플레이는 상대가 패턴스테이나 아침3컷 스테이처럼 누구라도 좋은 메이드가 아니라고 생각할 때 특히 많이 발생하는데, 상대가 K탑 메이드라 하더라도 여러분에게 즐거움이 전혀 없는 승부라는 사실을 깨달아야 한다. 그렇기에 상대가 몇 컷을 하고 스테이를 했든 이러한 상황에서는 숨도 쉬지 말고 바로 카드를 던져야 한다.

▶ 상대가 K탑일 경우 여러분이 이길 확률(여러분이 A-2-3 추라이라고 가정할 때)
= 4~K, 열 장 중 한 장을 떠야 한다. 10/43=약 23%

그리고 지금 이야기한 부분과 맥락은 같지만 정반대의 상황도 마찬가지다.

상대가 미리 스테이를 하고 점심때 베팅을 했는데 여러분이 콜을 하고 나서 돈이 거의 없는 상황이라면, 이때 역시 마지막 커트에 여러분이 아무리 좋은 카드를 떠도 더 이상의 부가가치가 없는 몹시 우울한 상황이다. 따라서 이런 상황에서의 선택도 카드를 덮는 것밖에 없다.

하지만 이야기를 다시 앞으로 돌려 점심때가 아니라 아침베팅을 하며 상대나 여러분 둘 중 한 명이 거의 올인이 되는 상황이라면 이야기가 많이 달라진다. 이때라면 배당이 나쁘다는 것은 변함없지만 여러분이 메이드를 시도해볼 기회가 두 번이 되기 때문이다. 쉽게 설명해서 아침베팅후, 둘 중 한 명이 거의 올인 상태라면 이때는 점심베팅이 의미가 없어지기 때문에 여러분의 입장에서는 점심커트에서 메이드가 안 되더라도 공짜로 저녁커트를 떠볼 수 있는 기회를 가지게 된다는 것이다. 그렇기에 이와 같은 상황에서는 상대가 탑(한 장) 스테이만 아니라면 콜을 하고 승부를 하는 쪽이 올바른 운영이라고 할 수 있다.

둘째, 상대가 한 번의 베팅을 더 받을 정도의 돈밖에 남아 있지 않을 때

상대는 아침에 탑 스테이를 하고 있는데 여러분은 점심에 탑을 커트하고 들어가 5탑이나, 6탑 같은 좋은 족보를 만들었다. 상대는 당연히 베팅을 하고 나왔고, 여러분의 순서인데 상대에게 남아 있는 금액이 저녁때 한 번 더 베팅할 수 있을 정도의 금액밖에 없다면, 이때는 여러분은 콜만 하고 일단 저녁(마지막)베팅의 기회를 상대에게 넘기는 운영을 할 줄 알아야 한다.

점심때 바로 레이즈를 하고 상대가 콜을 해도 어차피 저녁때 상대가 더 이상의 베팅을 받을 돈이 없기에 굳이 점심때 공포 분위기를 조성할 필요가 없다는 뜻이다. 다시 말해 상대가 죽지 못할 카드를 가지고 있다면 저녁때 베팅을 해도 어차피 콜을 할 것이므로 일부러 서두를 필요가 없다는 이야기다.

이것은 여러분의 베팅 위치가 좋을 때의 이야기인데, 어차피 상대에게 가져올 수 있는 금액은 정해져 있으니까 약한 척 한 걸음 물러서며 (만약 상대가 좋지 않은 메이드를 가지고 있다면) 상대에게 공갈을 시도할 기회라도 한번 줘보자는 의미로 생각하면 된다.

물론 지금 같은 상황에서 점심때 바로 레이즈를 하는 것이 오히려 상대로 하여금 '밀어내기 아니야?'라는 생각을 하게 만들어 콜을 유도할 수 있는 것도 사실이다. 하지만 여러 가지 상황을 감안했을 때 콜만 하고 상대에게 베팅 찬스를 넘기는 것이 조금이라도 더 유력하다고 볼 수 있다. 따라서 콜만 하고 저녁베팅 찬스를 상대에게 넘기든, 바로 레이즈를 하든, 그때그때의 상황과 상대의 스타일을 감안해 여러분 스스로 결정하면 된다.

하지만 이 시간 이후로는 상대가 가지고 있는 금액 상황에 따라 여러분이 선택할 수 있는 옵션이 달라진다는 사실만은 반드시 알고 있어야 한다. 또한 지금의 이야기는 상대와 여러분의 자금 상황 입장이 정반대로 바뀌어 있을 경우에도 똑같이 적용된다는 사실을 유념하기 바란다.

셋째, 뒷집들이 돈이 없을 때

미리 스테이를 하고 있는 사람이 한 명도 없는 상황에서 아침이나, 점심때 앞에 있는 사람이 먼저 베팅을 하고 나왔다. 여기서 여러분이 5탑, 6탑 같은 아주 좋은 카드를 만들었는데 뒤에 있는 사람들이 돈을 별로 가지고 있지 않다면, 이때는 당연히 바로 레이즈를 하며 앞에서 먼저 베팅하고 나온 사람을 상대로 큰 승부를 걸어야 한다.

넷째, 앞집이 돈이 없을 때

미리 스테이를 하고 있는 사람이 없는 상황에서 점심때 앞 사람이 먼저 베팅을 하고 나왔는데, 이 사람에게 남아 있는 돈이 거의 없다면,

▶ 여러분이 4~7탑이 맞았을 경우
- 콜만 하고 뒷집들을 데리고 간다.

▶ 여러분이 8~K탑이 맞았을 경우
- 바로 레이즈를 한다 : 뒷집들을 죽이고 앞집과 1 : 1 승부로 가겠다는 의도지만, 앞집과의 승부도 이길지 질지 불투명하다. 더욱이 만약 여러분이 레이즈를 했는데 뒤에서 누군가 콜을 하고 따라온다면, 이것은 몹시 괴로운 상황이다. 콜을 한 뒷집은 거의 메이드라고 봐야 하는 상황이기 때문이다.
- 콜만 한다 : 바로 레이즈를 하는 것보다 위험 부담이 덜하지만 뒷집들이 따라오면 마지막 커트에 역전당할 가능성이 있다. 하지만 역전당하지 않으면 배당은 늘어난다. 뒷집들과의 승부는 그다음 문제이고, 앞집과의 승부도 어떻게 될지 불투명하다. 이처럼 8~K탑의 경우에는 장단점이 있지만, 여러 가지 상황

을 감안했을 때 콜만 하는 쪽에 좀더 높은 점수를 주겠다.

몇 가지로 나누어 상대가 가지고 있는 자금 상황에 따라 여러분의 베팅이 어떻게 달라져야 하는지에 대해 알아보았다. 지금의 이야기 중 셋째, 넷째는 그리 어렵지 않은 부분이다. 그리고 둘째 사항은 설명에서처럼 상황에 따라 선택이 바뀔 수도 있는 부분이다. 하지만 첫째 사항은 이 시간 이후로는 그러한 상황에서 절대로 실수하는 일이 없도록 반드시 명심, 또 명심해야 한다. 지금의 이야기를 토대로 항상 상대와 여러분의 자금 상황을 머릿속에 입력해두고서 게임에 임하는 것을 습관화해야 한다. 한 번의 베팅 실수로 인해 전체 게임의 흐름을 놓치는 일이 너무도 자주 일어나기 때문이다.

♥ 하프베팅의 룰에서 하프 계산하는 방법

여러 가지 베팅 요령에 대해 이야기하다보니 실전 이론과는 별도로 베팅에 관한 재미있는 부분 한 가지를 여러분에게 알려드리고 싶다. 그것은 세븐오디게임이나 로우바둑이게임을 즐기고 있는 사람들 중 정확한 하프 계산을 못해 다음번 베팅 때 얼마를 베팅해야 하는지를 잘 모르는 사람들도 있다는 점이다. 그래서 게임 도중,

"야, 하프 얼마야?"

"얼마 치면 돼?"

라는 식의 이야기를 심심치 않게 듣는다. 그런 분들을 위해 간단하게 하프베팅에서의 베팅 계산법을 알려주겠다.

· 하프베팅의 룰에서 상황에 따른 하프 계산방법

① 판에 쌓여 있는 금액 : 200 - 베팅(100) - 레이즈(100에 200더) - 2단 레이즈(200에 400더)

② 판에 쌓여 있는 금액 : 200 - 베팅(100) - 콜(100) - 레이즈(100에 250더)

③ 판에 쌓여 있는 금액 : 200 - 베팅(100) - 콜(100)- 콜(100)- 레이즈(100에 300더)

①을 보면 알 수 있듯이, 판에 쌓여 있는 금액이 200일 경우 하프베팅의 룰에서 처음의 베팅은 당연히 100이다. 그리고 이때 레이즈는 '100받고 200더'가 된다. 즉, 레이즈 금액은 처음 베팅했던 금액의 두 배. 그리고 2단 레이즈는 '200받고 400더'이다. 이것도 두 배다.

②의 경우는 처음에 100을 베팅하고 나서, 다음 사람이 콜(100)을 하고 그다음 사람이 레이즈를 하는 경우다. 이때는 '100받고 250더'가 된다. 즉, 이때는 처음 베팅했던 금액의 2.5배가 된다.

③의 경우는 처음에 100을 베팅하고 나서, 콜(100)을 한 사람이 중간에 두 명 있고, 그다음 사람이 레이즈를 하는 경우다. 이때는 '100받고 300더'가 된다. 즉, 이때는 처음 베팅했던 금액의 세 배가 된다.

①의 설명을 보면 알 수 있듯이 1 : 1 승부에서는 베팅, 레이즈, 2단 레이즈가 계속 두 배의 금액으로 올라간다. 그리고 ②, ③의 설명을 보면 알 수 있듯이 앞에서 베팅을 하고 중간에 콜을 한 사람이 있는 경우, 콜한 명당 처음 베팅 금액의 0.5배씩 증가한다고 생각하면 된다.

즉, 중간에 콜을 한 사람이 한 명이면 레이즈 금액은 처음 베팅했던 금액의 2.5배, 중간에 콜을 한 사람이 두 명이면 레이즈 금액은 처음 베팅했던 금액의 세 배, 중간에 콜을 한 사람이 세 명이면 레이즈 금액은 처음 베팅했던 금액의 3.5배, 이런 식으로 계산된다는 의미다.

②번의 상황을 좀더 쉽게 풀어서 설명하면,
판에 쌓여 있는 돈 : 200
베팅(100) : 이때 판에 쌓여 있는 돈=300(200+100)
콜(100) : 이때 판에 쌓여 있는 돈=400(300+100)
- 여기서 레이즈를 하려면 일단 처음 베팅했던 100을 먼저 받아야 한다.
- 일단 100을 받으면, 이때 판에 쌓여 있는 돈=500(400+100)
- 이 500에 대한 하프금액은 250이다. 그래서 이때의 레이즈는 '250더'가 되는 것이다.

지금 설명한 규정은 일류 고수들 간의 진검승부 현장에서만 엄격하게 적용된다고 생각해도 무방하다. 다시 말해 친구들 또는 직장 동료들끼리 친선도모의 의미로 하는 게임에서는 하프베팅의 룰을 적용하더라도 대충 적당한 금액으로 베팅이나 레이즈를 주고받는 것이 보통이다. 그리고 하프베팅의 규정을 정확하게 지키는 것이 게임 결과에 큰 영향을 주는 것은 아니기에 반드시 알아둬야 하는 사항은 아니다. 하지만 정확하게 적용을 하지 않더라도 올바른 규정을 알아두는 것이 손해날 일은 없다. 더욱이 알고 보면 초등학교 산수보다도 훨씬 더 쉽고 간단한 계산이므로 참고삼아 그리고 재미삼아 알아두기 바란다.

3. A-2-5 추라이를 가지고 있을 때

지금의 이 이야기는 로우바둑이게임의 묘미와 어려움을 동시에 느낄
수 있는 대단히 중요한 사항이다. 그리고 지금의 이 이론은 아침이나 점
심때가 아닌 마지막 커트만을 남겨놓은 상황에서 선택을 결정해야 하는
부분을 의미한다.

또한, 여기서 말하는 A-2-5 추라이는 딱히 이것만을 의미하는 것은
결코 아니다. 그러므로 2-3-4 또는 A-3-5와 같은 비슷한 위력을 가진
카드를 가지고 있을 때도 지금의 이론을 적용하면 올바른 운영법을 터
득할 수 있으니 잘 이해하기 바란다.

여러분의 현재 패는 A-2-5이다.

아침커트 전부터 여기저기서 판을 흔들어 평상시보다 판이 제법 커져
있고, 점심커트에서 여러분을 포함 총 세 명이 모두 한 장을 바꾼 상황이
다. 여러분의 베팅 위치는 세 명 중 가장 뒤쪽의 유리한 위치고, 여러분은
점심커트에서 5가 죽이 나며 메이드를 만드는 데 실패했다. 그리고 이제
마지막(저녁) 커트만 남아 있다. 이러한 상황에서,

㉠ 첫째 집에서 베팅을 하고 나왔고, 둘째 집이 카드를 꺾었을 경우

㉡ 첫째 집에서 베팅을 하고 나왔고, 둘째 집이 콜을 했을 경우

㉢ 첫째 집에서 체크를 했고, 둘째 집이 베팅을 했을 경우

㉣ 첫째 집과 둘째 집 모두 체크를 했을 경우

이러한 네 가지 경우에 각각 어떤 대응을 해야 하는지 한 가지씩 그 답을 찾아보도록 하자. 그전에 우선 위의 네 가지 상황에서 여러분이 공갈을 시도하는 것은 일단 설명에서 제외하기로 하겠다.

㉠ 첫째 집에서 베팅을 하고 나왔고, 둘째 집이 카드를 꺾었을 경우

이때라면 아쉬움이 남더라도 카드를 꺾어야 한다. 이미 점심때까지 심상치 않은 분위기에서 뒤에 한 장을 바꾼 집이 둘이나 있는데도, 첫째 집에서 먼저 베팅을 하고 나왔다는 것은 일단 메이드가 됐든지, 설혹 메이드가 아니더라도 추라이에서 이길 강한 자신감이 있다는 것으로 봐야 하기 때문이다.

그리고 만약 첫째 집이 공갈을 시도한 것이라면 당연히 스테이를 할 것이기 때문에, 이때도 여러분이 끝까지 확인하려는 굳은 마음을 가지고 있지 않은 한 지는 승부다. 즉, 지금과 같은 상황에서는 여러분이 콜을 하고 따라갔을 경우 마지막 커트에 여러분이 메이드를 만들지 못하는 한 거의 지는 승부라고 봐야 한다는 의미다. 따라서 지금과 같은 경우에는 좀 아쉽더라도 카드를 꺾고 다음 기회를 기다리는 운영이 바람직하다.

ⓛ 첫째 집에서 베팅을 하고 나왔고, 둘째 집이 콜을 했을 경우

이때는 여러분이 마지막 커트에 메이드를 만들지 못하면 ㉠의 경우보다 더욱 승산이 희박한 상황이다. 하지만 지금은 여러분의 베팅 위치가 좋고 ㉠보다는 배당이 훨씬 좋은 경우다. 따라서 지금이라면 콜을 할 수도 있다는 쪽에 어느 정도의 점수를 줄 수 있겠다.

즉, 지금도 죽는 것이 정답에 가깝지만 ㉠의 경우보다는 콜을 하고 승부를 거는 선택을 할 수도 있다는 의미다. 그랬을 때 지금은 죽는 쪽에 60점을, 콜을 하고 승부하는 쪽에 40점 정도를 주고 싶다. 그리고 죽을지, 콜을 할지 선택은 그때그때의 상황에 따라 여러분만이 느끼는 고유의 기분이나 감각 등을 감안해 결정하면 된다.

ⓒ 첫째 집에서 체크를 했고, 둘째 집이 베팅을 했을 경우

이때는 앞의 두 가지 경우와는 약간 상황이 달라진다. 첫째 집에서 약한 모습을 보인 것이기 때문에 둘째 집에서 베팅을 하더라도 반드시 아주 강패로 볼 필요는 없다는 것이다. 물론 지금도 둘째 집에서 강패가 나올 가능성이 높은 것만은 틀림없다. 하지만 그렇다고 하더라도 첫째 집에서 먼저 베팅을 하고 나왔을 경우와 비교하면 그 강도가 많이 차이난다. 좀 전에도 언급했듯이 뒤쪽에 한 장을 바꾼 집이 두 명이냐, 한 명이냐는 적지 않은 차이가 있기 때문이다.

아울러 여러분의 베팅 위치가 좋기 때문에 지금과 같은 상황이라면 죽든, 콜을 하든 어떤 선택도 가능하다고 할 수 있다. 점수로 나타내면 죽든 콜을 하든 양쪽 다 50점 정도라고 하겠다. 지금과 같은 상황이라면 둘째 집의 스타일을 감안해야겠지만, 어떤 선택을 하든 각각 장단점이 있다는 것이다.

㉣ 첫째와 둘째 집 모두 체크를 했을 경우

이때라면 조금 불안감이 들더라도 베팅을 해야 한다. 일단 두 집 모두 약한 모습을 보였기 때문에 추라이로도 어느 정도 승부가 될 수 있다는 점과, 베팅 위치가 좋다는 점을 감안한 선택이다.

로우바둑이게임을 어느 정도 이상 경험해본 중급 수준 이상의 분들이라면 지금의 설명이 의미하는 바를 이해할 수 있으리라 생각한다. 하지만 여기서는 초보자들을 위해 다시 한 번 그 의미를 짚어보도록 하겠다.

앞의 두 집이 체크를 나왔다는 것은 의도적인 달고 가기가 아닌 이상 일단은 메이드가 아니라고 볼 수 있다. 그렇다면 이제 추라이 싸움과 마지막 커트에 누가 메이드를 만들 수 있느냐에 따라 승부가 결정되는 상황이다. 그랬을 때 추라이 부분에서는 여러분이 유리한 상황이라고 아무도 장담할 수 없다. 그저 반반 정도의 승률을 가지고 있다고 봐야 할 분위기다.

그런데 여기서 아주 중요한 한 가지 포인트가 바로 '여러분의 베팅 위치가 가장 좋다'라는 점이다. 서로가 노 메이드 상태에서 마지막 커트를 한 번 남겨놓고 있는 상황이라면 이때의 베팅 위치야 말로 그 중요성을 따로 언급할 필요조차 없을 만큼 엄청나다.

간단한 예로, 앞집들은 추라이가 아주 좋은 경우라도 저녁에 먼저 베팅을 하고 나오기가 쉽지 않지만 뒤에 있는 사람은 추라이가 아주 좋을 경우, 상대들이 저녁에 체크를 하며 약한 모습을 보이면 얼마든지 베팅을 할 수 있다.

또한 앞집들은 마지막 커트에 8탑, 9탑, 10탑 등의 메이드가 되면 베팅을 하겠지만, 만약 레이즈를 맞게 되면 갈 곳이 없어진다. 그렇다고 8탑, 9탑, 10탑 등의 메이드가 됐는데 체크를 하자니 뒤에서 콜만 하면 몹시 서운하다. 따라서 베팅을 하는 것이 정답에 가깝다고 봐야 하는데, 이때는 상대에게서 레이즈가 나올까 부들부들 떨어야 하는 것이 필연이다.

하지만 뒤에 있는 사람은 전혀 다르다. 8탑, 9탑, 10탑 등으로 메이드가 되면 상대들이 앞에서 베팅을 하지 않으면 당연히 베팅을 할 수 있다. 반대로 상대 중 누군가가 먼저 베팅을 하고 나오면 죽든지, 콜을 하든지, 레이즈를 하든지 상황에 따라 본인이 선택하면 되는 것이기에 부담이 없다.

물론 상대가 마지막 베팅에서 뻥을 달고 레이즈를 하는 경우도 전혀 무시할 수는 없겠지만, 그것은 그리 흔한 일이 아니므로 크게 괘념치 않아도 무방하다.

♥ 베팅 한 번의 차이

이렇듯 마지막에서의 베팅 위치 차이는 거의 '베팅 한 번의 차이'라고 해도 과언이 아닐 정도다. 특히, 로우바둑이게임은 99% 하프베팅이나 풀베팅의 룰을 사용한다는 점을 감안한다면 그 차이가 어느 정도인지 충분히 짐작할 수 있으리라.

그렇기에 상대들이 두 명 모두 체크를 하고 나오면 추라이에서 꼭 이긴다고 생각해서가 아니라 베팅 위치가 좋다는 이점을 가지고 있으므로 조금은 불안하더라도 자신 있게 베팅을 하라는 것이다. 그러다 보면 상대들이 아주 좋은 추라이를 가지고 있지 않을 때는 불리한 베팅 위치로 인한 부담감 때문에 카드를 꺾는 일도 얼마든지 생길 수 있다. 이렇게 되면 여러분은 불로 소득을 얻게 되는 것이고, 실제로도 이런 경우는 고수들의 게임에서 자주 나타나는 현상이기도 하다.

♥ A-2-5를 가지고 여러분의 베팅 위치가 가장 앞일 때

앞에서 설명한 네 가지 사항은 모두 여러분의 베팅 위치가 가장 뒤에 있을 경우를 말한 것이다. 그러면 A-2-5를 가지고 베팅 위치가 가장 앞일 때는 어떻게 운영을 해야 할까?

앞의 설명처럼 여러분을 포함한 세 명이 점심때 모두 탑(한 장)을 커트한 상황이라면, 가장 앞의 베팅 위치에서는 일단 베팅을 하지 않는 것이 올바른 운영이다. 그리고 나서 둘째 집이나 마지막 집에서 베팅을 하게 되면 이때는 승부를 하든, 포기하든 두 가지 모두 선택할 수 있는 방법이다. 그렇기에 여러분이 그때그때의 상황과 상대들의 스타일 등을 참고해 선택을 결정하면 된다.

이러한 경우, 필자라면 둘째 집에서 베팅을 했을 때는 죽는 쪽에 조금 더 높은 점수를, 마지막 집에서 베팅을 했을 때는 콜을 하고 승부를 하는 쪽에 조금 더 높은 점수를 주겠다.

그리고 점심때 같이 탑을 커트한 상태에서 여러분이 A-2-5를 가지고 베팅 위치가 앞이고, 상대가 뒤에 한 명이 있는 경우라면 이때는,

▶ 그 전 베팅(아침커트 후 베팅)을 여러분이 했을 경우

- 베팅을 해도 좋고, 안 해도 좋다. 베팅을 하는 쪽에 조금 더 높은 점수를 주고 싶지만, 이때는 레이즈를 맞으면 죽겠다는 각오를 가지고 있어야 한다.

▶ 그 전 베팅(아침커트 후 베팅)을 상대가 했을 경우
- 베팅을 하지 말아야 한다. 여러분이 베팅을 하지 않았을 때 상대가 베팅을 해온다면, 이때는 아주 큰판이 아닌 한 콜을 하고 승부를 해야 한다.

지금까지 A-2-5를 가지고 있을 때의 운영 요령에 대해 여섯 가지 경우로 나눠 설명했다.

로우바둑이게임에서 한 단계 높은 고수가 되기 위해서는 지금의 이야기를 반드시 이해해야 한다. 지금 이 부분의 설명 속에는 A-2-5를 가지고 있을 때의 운영법뿐만 아니라, 전반적인 로우바둑이게임의 운영에 관한 많은 부분이 함축돼 있기 때문이다. 그런 만큼 머리가 아프더라도 포기하지 말고 반드시 여러분의 것으로 만들기 바란다.

4. A-2-3 추라이로 가장 앞에 있을 때

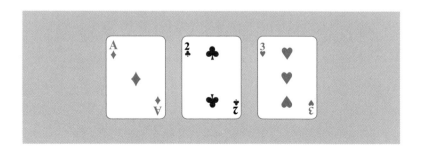

여섯 명의 로우바둑이게임이다. 가장 앞의 베팅 위치에서 여러분이 2-3을 가지고 아침에 두 장을 바꿨는데 A가 들어와 A-2-3 추라이가 됐다. 뒷집들은 2-2-3-3-2컷이었기 때문에 자신 있게 먼저 베팅을 하고 나갔다. 그랬더니 3집은 죽고, 2집이 따라왔다. 여러분은 당연히 탑(한 장)을 바꿨다. 그리고 뒤에 있는 두 명 역시 모두 탑이었다.

카드를 보니 여러분은 2가 쫑이 나며 메이드를 만드는 데 실패했다. 이제 저녁커트만 남았다. 이럴 때는 먼저 베팅을 해야 할까, 체크를 해야 할까?

지금과 같은 상황이라면 미리 베팅을 하고 나가도 좋고, 그냥 체크를 해도 좋다. 두 가지 방법 모두 나름대로의 장단점이 있기 때문이다. 그렇다면 두 가지 베팅 방법이 어떤 장단점을 가지고 있는지 한 가지씩 비교해가며 표로 알아보도록 하자.

	베팅하고 나가는 것	체크를 하는 것
상대 중 메이드가 없을 경우	상대들의 숫자를 더욱 줄이고 판을 키워 여러분의 승률을 높일 수 있다.	상대가 베팅을 하지 않는다면 모두 마지막 패를 공짜로 보기 때문에 여러분의 승률은 그만큼 줄어든다.
상대 중 메이드가 있을 경우	상대에게서 레이즈가 나올 가능성이 높고 작은 판이 아닌 한 기권해야 한다(상대의 레이즈가 공갈이라 생각되면 끝까지 승부할 수도 있지만 어려운 선택임).	상대는 당연히 베팅을 할 것이고, 여러분은 콜을 하고 마지막 카드를 보게 된다.

상대 두 명이 모두 메이드일 경우	상대들에게서 레이즈, 2단 레이즈가 나오면 여러분은 기권해야 한다. 베팅한 금액만큼 피해를 입는다.	상대들에게서 베팅, 레이즈가 나오면 여러분은 기권하면 되고, 마지막에서의 피해는 전혀 없다.
상대가 공갈로 레이즈(베팅)를 할 경우	부담이 커서 여러분은 받기가 힘들지만, 끝까지 콜을 할 수만 있다면 큰 소득을 올릴 수 있다.	상대의 공갈 레이즈를 방지할 수 있다. 상대가 베팅하면 여러분은 콜하고 승부를 이어갈 수 있다.
결론	레이즈를 맞으면 바로 죽겠다는 마음가짐이 필요하다. 승률과 배당을 높일 수 있는 유력한 방법이지만 동시에 위험부담도 있다.	피해를 최소화하며 마지막 패를 확인할 수 있지만, 승률과 배당이 떨어진다. 상대의 공갈성 베팅을 유도할 수 있다.

표를 보면 알 수 있듯이 각각의 방법은 나름대로의 장단점을 가지고 있다. 위험한 장사가 배당이 좋다고 하듯, 바로 그런 경우라 할 수 있다. 그렇기에 지금의 선택 역시 그때그때의 여러 가지 상황과 상대들의 스타일 등을 감안해서 결정해야겠지만, 일단은 먼저 베팅하고 나가는 것이 정답이라 할 수 있다. 그리고 나서 레이즈가 나온다면(아주 조그만 판이 아닌 한) 미련을 버리고 카드를 꺾어야 한다.

물론, 상대에게 레이즈가 나오더라도 아주 간혹은 공갈로 판단하고 콜을 해 끝까지 확인하는 플레이를 할 수도 있다, 하지만 이러한 방법은 어찌 됐든 위험부담이 크기에 자주 선택할 수 있는 방법은 아니라는 점을 분명히 밝혀둔다.

분명 필자는 "미리 베팅하고 나가는 것이 정답이다"라고 했다. 하지만 이것은 일반적인 상황에서의 선택을 의미한다. 때문에 아주 큰 승부일 경우 좀더 안전한 운영을 위해, 또는 상대의 공갈성 베팅을 유도하기 위해, 또는 오늘은 게임이 잘 안 풀리니 공격적이 아니라 수비적으로 대처하자는 식으로 체크를 하고 나가는 것이 상황에 따라서는 유력한 방법이 될 수도 있다.

그러므로 지금과 같은 경우에 어떤 선택을 할지 가장 중요한 열쇠가 되는 것이 있다면 그것은 당사자의 마음가짐과 뒤에 있는 상대들의 스타일이다. 다시 말해 그러한 상황을 맞이한 당사자가 '오늘은 왠지 승부를 걸고 싶다'거나 '지금은 무조건 치고 나갈 타임'이라든가, 또는 '왠지 지금은 치고 나가면 공갈이라도 무조건 빠꾸가 나올 것 같다'라는 식으로 그때그때의 분위기와 흐름을 나름대로 인식해 결정을 할 부분이라는 것이다.

즉, '치고 나가는 게 맞다.' 또는 '체크를 해야 한다'라는 식으로는 어느 누구도 단언하기 어려운 상황이기에 두 가지 방법이 가지고 있는 효과와 장단점을 잘 파악한 후 여러분 스스로 결단을 내려야 한다는 의미다.

5. 베팅 위치가 좋을 때는 상대의 베팅을 유도하라

A-2를 가지고 아침에 두 장을 바꿨더니 4-5가 들어와 그림과 같이 서드(Third, A-2-4-5)가 맞았다. 그리고 상대는 패턴스테이에 6탑이나

깨끗한 7탑.

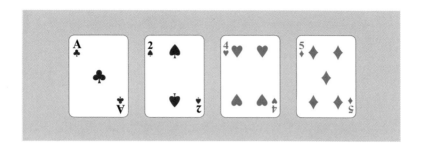

　로우바둑이게임을 하는 사람이라면 누구라도 항상 만들고 싶고, 언제나 머릿속으로 상상하는 시나리오다. 이러한 환상은 실제로도 가끔 벌어지고 있다. 그런데 하룻밤에 한 번 나올까 말까 할 이런 천재일우의 기회를 미숙한 배팅으로 충분히 소득을 올리지 못한다면 너무나 아쉬운 일이다.

　좀 전에 언급했듯이 상대가 패턴스테이에 깨끗한 7탑이나 6탑으로 메이드 돼 있는 상황에서 아침2컷에 5탑으로 메이드된, 그런 정도라면 베팅 요령에 상관없이 큰 효과를 얻을 수 있다. 하지만 이처럼 완벽하게 상황이 만들어진 때가 아닌 경우에는 베팅 요령에 의해 큰 소득을 올릴 수도 있고, 별 소득 없이 평범한 판으로 끝날 수도 있다는 사실을 꼭 기억해야 한다.

　여기서 필자가 겪은 일화 한 가지를 소개한다.

　필자의 대학 동기인 C는 아마추어로서는 그럭저럭 괜찮은 성적을 기록하고 있는 평범한 포커마니아다. 포커마니아라고 해서 자주 즐기는 것은 아니고, 그저 한 달에 두세 번 정도 직장 동료들과 또는 다른 친지들과 게임을 하는 수준이다.

어느 날 C는 친지들과 로우바둑이게임을 벌였다. 평소 괜찮은 성적을 기록했던 C였지만 이날은 처음부터 패가 꼬이며 게임이 안 풀렸다. 그런 상태로 중반이 지나가며 C가 적지 않은 피해를 입고 있는 상황에서 일어난 일이다.

C가 처음에 패를 받아보니 ♣A-♥4-◆6-◆J, 6추라이였다. 그런데 아침커트 전부터 베팅과 레이즈가 왔다갔다하는 것이 뭔가 심상치 않은 분위기였다. 결국 꽤 많은 돈이 쌓이면서 아침커트 전 베팅이 끝나고 아침(첫 번째)커트에 들어가게 됐다. C를 포함한 네 명의 승부였다.

맨 앞(Y)에서 패턴스테이를 외쳤고, 두 번째는 한 장을, 세 번째는 두 장을, 맨 마지막에 있던 C는 당연히 한 장을 바꿨다.

C는 '찬스다. 제발……'이라고 속으로 간절히 기도하며 카드를 쪼았는데, ♠2가 들어오면서 'A-2-4-6', 6탑으로 메이드가 됐다.

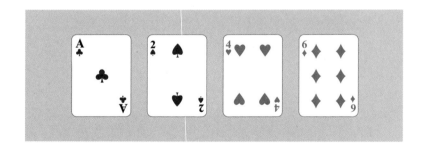

아침커트 전부터 판이 커져 있었고, 한 집(Y)은 패턴스테이였으니 무조건 베팅하리라는 것은 정해진 수순. 그리고 C의 베팅 위치는 가장 뒤. 말

그대로 꿈속에서나 그려오던 환상적인 시나리오였다.

예상대로 맨 앞에 있는 패턴스테이집(Y)이 하프를 외치며 나왔고, 두 번째 집은 콜이었다. 세 번째 집은 카드를 꺾었고, C는 당연히 레이즈를 했다. 그러자 Y가 C의 얼굴을 슬쩍 쳐다보고는 바로 2단 레이즈를 하는 것이었다.

두 번째에 있던 멤버는 잠시 고민하다가 카드를 꺾었고, 다시 C의 차례가 돌아왔다. 순간 C는 속으로 '제대로 걸렸어, 한번 죽어봐라'라고 외치며 회심의 미소와 함께 3단 레이즈를 날렸다. C의 머릿속에는 이미 바닥에 산더미처럼 쌓여 있는 돈의 그림이 그려지고 있었다.

♥ 베팅 위치를 감안하지 않은 플레이

그런데 잠시 시간이 흐른 후 C의 달콤했던 환상은 산산조각이 나버리고 말았다. Y가 한참 고민을 하다가 패를 던져버렸던 것이다.

Y가 2단 레이즈를 했기에 자신의 3단 레이즈에 갑자기 죽으리라고는 전혀 생각하지 않았던 C는 순식간에 끝나버린 상황에 너무나 큰 아쉬움을 느끼며 때늦은 후회를 했다. 하지만 이미 배는 떠난 후였다.

그렇다면 너무나도 당연한 것 같았던 C의 베팅에 과연 어떤 문제점이 있었던 것일까?

C의 베팅에는 한 가지 큰 실수가 있었다. 그것은 바로 자신의 베팅 위치를 감안하지 않은 플레이, 즉 너무 성급하게 과욕을 부렸다는 점이다.

아침(첫 번째)커트가 끝난 후, C가 3단 레이즈를 한 것은 일단 Y에게 엄청난 부담을 주게 된다. 거기서 Y가 콜을 한다는 것은 점심베팅, 저녁 베팅을 계속 받는 것을 의미하며, 이렇게 되면 판은 기하급수적으로 커진다. 더구나 아침커트 전부터 돈이 꽤 많이 쌓여 있었다는 점을 감안할 때, 그 부담은 더욱 클 것이 분명하다.

그렇기에 Y의 입장에서는 7탑이나 적어도 깨끗한 8탑 정도가 아닌 한 승부가 어려운 상황이라 봐야 한다. C가 공갈을 시도한 게 아니라면 어정쩡한 8탑 정도를 가지고는 이기기 어려운 승부라는 것이다.

그렇다면 Y의 패가 7탑 또는 적어도 깨끗한 8탑 정도의 좋은 카드가 아닌 이상, Y가 콜을 하고 끝까지 승부를 한다는 것은 'C가 공갈이냐, 아니냐에 승부를 걸겠다'라는 의미로 봐야 한다. 하지만 이것은 지나친 모험이다. 그리고 어찌 됐든 그 정도 레이즈라면 C에게서 공갈이 나올 가능성은 많지 않은 것이 사실이다.

그렇기 때문에 C의 시나리오대로 되려면 Y가 C를 공갈로 보든지, 아니면 Y가 최소한 7탑이나 깨끗한 8탑 정도의 좋은 카드를 가지고 있어야 한다는 결론이 나온다(이 두 가지 경우라면 C의 레이즈가 오히려 더 잘한 플레이가 될 수도 있다). 하지만 패턴에 7탑이나 깨끗한 8탑 정도의 족보가 나올 가능성이 그리 크지 않다고 봐야 하고, 또 C의 패를 공갈로 보기도 만만치 않다고 판단했을 때, C의 시나리오가 제대로 완성되기는 쉽지 않다.

♥ 베팅 위치가 좋을 때는 상대에게 베팅 찬스를 넘겨라

지금과 같은 상황에서는 이미 판이 많이 커져 있는 상황인데다가 점심, 저녁 계속 C의 베팅 위치가 좋으므로 Y가 2단 레이즈를 해왔을 때 콜만 한 후 약한 모습을 보이며 그 이후의 선택을 Y의 손에 넘겼어야 했다.

이렇게 되면 Y는 어정쩡한 8탑이나, 9탑 정도를 가지고 있더라도 계속 밀고 나올 가능성이 얼마든지 있다. 또는 J탑, Q탑 등의 메이드라 할지라도 한 번 정도는 더 밀어보고 싶은 충동을 느끼게 마련이다. J탑, Q탑 등이라면 베팅하지 않으면 이기기가 어렵다는 걸 Y도 알고 있기 때문이다.

이런 상황이 되면 최소한 한 번의 베팅만큼은 소득을 더 올릴 수 있는데, 이미 판이 커져 있는 상태라면 한 번의 베팅은 엄청난 금액이다(하프 베팅의 룰이라면 그때까지 판에 넣었던 자신의 모든 돈과 거의 같은 금액이 된다).

그리고 Y가 어정쩡한 8탑, 9탑, J탑 등이 아니라 6탑이나 7탑을 가지고 있다면, 이 경우는 C가 아침커트 후에 바로 3단 레이즈를 한 것과

큰 차이가 없다. 패턴스테이로 6탑이나 7탑이라며 어차피 죽기 어렵다는 뜻이다.

물론, 이때는 아침커트 후 바로 3단 레이즈를 하는 것보다 점심이나 저녁때 레이즈를 하는 것이 '달고 갔다'라는 느낌을 주기 때문에 어느 정도의 영향을 줄 수도 있는 것이 사실이다.

하지만 아무리 그렇다고 하더라도 패턴에 6탑이나 7탑이라면 어떤 상황이라도 쉽게 죽지는 않는 카드다. 또한 저녁베팅 때 레이즈를 한다는 것은(설혹 여기서 Y가 레이즈를 맞고 죽더라도) 이미 그 전에 판이 많이 커져 있어 어느 정도 이상의 소득은 이미 올리고 있는 상태라고 볼 수 있다.

당시에 Y가 어떤 카드를 가지고 있었는지는 알 수 없지만, 경우에 따라서는 C의 성급한 레이즈로 인해 훨씬 더 큰 금액을 얻을 수 있는 좋은 기회를 잃어버렸을 가능성도 농후하다. 때문에 앞서 말한 그러한 상황에서 베팅 위치가 좋을 때는 지금의 이야기를 잘 음미해 쉽지 않게 찾아오는 기회에서 최대의 효과를 거둘 수 있어야 한다.

만약 상황이 바뀌어 C의 베팅 위치가 Y의 앞쪽이었다면, 이때는 3단 레이즈든, 4단 레이즈든 주저 없이 본인이 하고 싶은 대로 플레이해도 좋다. 하지만 베팅 위치가 뒤쪽에 있을 때는 최대한 이점을 살릴 수 있는 플레이를 할 줄 알아야 한다.

지금의 이 이야기는 비단 패턴스테이일 경우라든가, 아침커트 후에만 적용되는 것이 아니다. 상대가 패턴스테이가 아니고, 또 아침이 아닌 점심커트가 끝난 후라도 반드시 명심해야 할 베팅 요령임을 마음속에 새겨 두기 바란다.

6. 의무감을 가지고 베팅하지 마라

다섯 명의 로우바둑이게임이다. 여러분이 딜러이기에 베팅 위치는 가장 뒤쪽이다. 이런 상황에서 아침에 여러분은 세 장을 바꿨는데 '2-5-9-Q', Q탑으로 바로 메이드가 되었다.

첫 번째 사람이 베팅을 하고 나왔고, 나머지 세 명은 모두 콜. 여러분은 레이즈를 하였다. 그러자 한 명이 죽고 세 명이 따라왔다. 그리고는 모두가 점심커트에서 탑(한 장)을 바꾸었고, 여러분은 당연히 스테이. 점심베팅에서 첫 번째 사람이 뻥을 달고 나왔고 다음 두 명은 모두 콜이었다. 이제 여러분의 순서다.

앞의 상황처럼 로우바둑이게임을 하며 아침이나 점심때, 자신이 먼저 스테이를 하고 있고 상대가 모두 커트를 하고 들어온 상황에서 베팅을 하지 않을 사람은 없으리라. 이러한 상황에서 베팅을 하는 것은 먼저 스테이를 하고 있는 사람의 권리이자 의무이기도 하다. 베팅을 하지 않고 상대들에게 다음번 패를 공짜로 한 번 더 떠볼 수 있는 기회를 준다는 건 스테이집의 입장에서는 생각할 수 없는 일이기 때문이다. 하지만 너무나도 당연한 것 같은 이러한 생각이 때로는 여러분을 큰 궁지로 몰아넣을 수도 있으니 유념해야 한다.

물론, 스테이집의 입장에서는 상대에게 공짜로 패를 한 번 더 떠볼 기회를 준다는 것은 로우바둑이게임의 기본 운영 요령에 위배되는 플레이라 할 수 있다. 그렇기에 보통의 경우라면 스테이집의 입장에서는 받아들일 수 없는 일이 분명하다. 그러나 경우에 따라서는 베팅을 하지 않는 것이 더 효과적인 선택이 될 수도 있다는 사실을 잊어서는 안 된다.

그렇다면 과연 어떤 경우에 상대에게 한 번 더 떠볼 수 있는 기회를 주더라도 베팅을 하지 않는 선택을 할 수도 있는 것인지 아래의 세 가지 경우를 예로 들어 알아보도록 하자.

첫째, 왠지 레이즈가 나올 것 같은 기분이 들 때

이 단락의 첫 부분에서 예로 들었던 상황과 같이 여러분이 아침에 2컷 이상을 했는데 좋지 않은 족보로 메이드가 되었을 경우나, 또는 여러분이 패턴스테이에 별로 좋지 않은 족보를 가지고 있을 경우를 말한다(어느 경우든 여러분의 베팅 위치는 가장 뒤쪽일 때).

이때라면 대부분의 상대가 일단 공갈을 시도하고 싶은 강한 욕망을 느끼게 되는 분위기다. 그리고 상대에게서 레이즈가 나오게 되면 여러분은 '믿어, 못 믿어'의 기로에 서게 된다. 하지만 이런 경우에는 무조건 밀려줘야 한다고 이미 이야기해왔다. 그렇다면 상대에게서 레이즈가 나오면 무조건 죽어야 하고, 중간에 있어서 레이즈를 할 수 없는 사람들 중에서 누군가 한 명이 콜을 한 후 스테이를 하면 이때 역시 여러분은 버티기가 어렵다. 즉, 누군가 한 명이라도 메이드가 된 사람이 있다면 여러분은 아주 괴로운 상황이 된다. 따라서 이때라면 상대가 모두 메이드가 되지 않았기를 기대해야 한다.

물론, 메이드가 되는 것이 쉬운 일이 아니고, 또 상대가 메이드가 되는 것을 겁내 베팅을 못한다면 이것 또한 올바른 운영은 아니다. 그렇기에 필자가 위와 같은 상황에서 베팅을 하지 말라는 것은 절대 아니다. 베팅을 하는 것이 올바른 운영이다. 단지 상황과 느낌에 따라 베팅을 하지 않는 선택도 생각해볼 필요가 있다는 이야기다.

둘째, 레이즈를 맞아도 죽기 싫은 카드를 가지고 있고, 큰판의 승부일 때

지금의 이야기는 앞의 '가장 위험한 카드는 패턴 8탑' 단락에서 언급했던 부분이다.

여러분이 패턴 8탑처럼 레이즈를 맞더라도 죽기 싫은 카드를 가지고 있고 누구라도 공갈이든 진카든 레이즈를 하고 싶은 욕망을 강하게 느끼고 있는 그런 상황에서, 판이 엄청나게 커져 있어 그 한 판의 패배로 결정적인 피해를 입을 수 있는 그러한 상황을 의미한다.

다시 말해 레이즈를 맞아도 죽기가 싫은 카드를 가지고 있다면 상대에게 레이즈가 나오더라도 끝까지 죽지 못하게 되며 이것은 큰판에서라면 자칫 한 판으로 너무 큰 피해를 볼 수 있으므로 이러한 때에는 베팅을 하지 않을 수도 있다는 이야기다. 즉, 끝까지 죽기 싫은 카드를 가지고 있을 때는 판의 크기를 한 템포 조절한다는 뜻이다.

물론, 이것은 여러분이 더 먹을 수 있는 것을 포기하는 것이 될 수도 있고, 상대에게 공짜로 한 번 떠볼 기회를 주는 것이기에 이길 수 있는 판을 놓칠 수도 있다. 하지만 한 판으로 인해 너무 큰 피해를 입을지도 모르는 그런 상황에서라면 한 걸음 뒤로 물러설 줄 아는 여유를 가지라는 것이다. 이 부분에 대한 상세한 설명은 '가장 위험한 카드는 패턴 8탑' 단락을 참고하기 바란다.

셋째, 본인의 감각에 의해 베팅하고 싶지 않은 기분이 들 때

자신이 미리 탑 스테이를 하고 있고 상대들이 커트를 하고 들어온 상황이라면 로우바둑이게임을 즐기는 100명 중 100명 모두가 베팅을 할 것이 틀림없다. 그리고 이것은 너무도 당연한 일이다. 하지만 이때 역시 베팅을 안 하면 절대 안 된다고 스스로를 옭아맬 필요는 없다. 본인의 느낌에 의해 왠지 베팅하기가 꺼려진다면 베팅하지 않아도 괜찮다는 이야기다. 탑 스테이로 베팅하지 않는다고 해서 큰일이 일어나지는 않는다는 것이다.

또한 지금 말했던 부분과는 약간 다르지만 비슷한 맥락의 상황을 한 가지 더 알려주고 싶다. 그림을 보자.

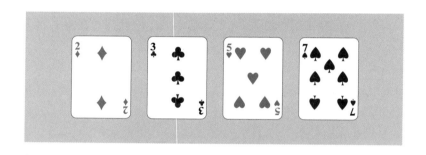

앞의 그림처럼 6이 안 달린 7탑을 가지고 있을 경우, 상대가 한두 명 정도 마지막 커트에 탑을 커트하고 들어온 상황이라면 이때 역시 거의 대부분의 사람이 베팅을 한다고 생각할 것이다. 물론 특별한 경우가 아니라면 베팅을 하는 것이 올바른 운영이다.

아마 지금과 같은 상황에서 베팅을 하지 않는다면 '내가 이렇게 새가슴인가' 또는 '이렇게 안전빵으로만 쳐야 하나'라는 식으로 자책하며 여러분 스스로가 자신의 결정에 대해 불만을 가질 수도 있다. 또한 이러한 상황에서 여러분의 패가 오픈되면 상대들이,

"야, 그걸 가지고 베팅을 안 하냐. 너무 짜다."

"너무 쫀쫀해서 같이 게임하기 피곤하네."

라는 식으로 신경을 건드리며 자극할 수도 있다.

그리고 이러한 여러 가지 정황에 의해 결국 선택은 베팅을 하는 쪽으로 기울어진다. 즉, 여러분이 베팅을 하고 싶지 않은 기분을 느껴도 손은 어느새 베팅을 하고 있다는 뜻이다. 여러분 스스로가 느끼는 새가슴, 안전빵 등등의 단어와 함께 상대들의 구찌나 시선이 받기 싫어 여러분의 의사와 다른 결정을 내린다는 이야기다.

바꿔 말하면 게임 중에 상대의 기분을 생각하고, 상대에게 조금이라도 짜다는 식의 핀잔을 듣고 싶지 않다는 것이다. 물론, 여러분이 게임에서 항상 좋은 성적을 내는 쪽이라면 상대들의 기분을 생각해주거나 여러분의 체면을 생각해도 아무 상관없다. 그러나 좋은 성적을 내는 쪽이 아니라면 이러한 부분에 신경을 써서는 절대 안 된다. 친선도모의 게임이 아니라면 우선 이겨야 하기 때문이다. 향후로는 이러한 감정에 의해 여러분이 원하지 않는 선택을 해서는 안 된다는 사실을 명심해야 한다.

그렇기에 여러분이 상황 상황에 따라 '지금은 왠지 베팅하기 싫어'라고 느꼈을 때라면, 앞의 그림보다 더 좋은 카드를 가지고 베팅을 하지 않더라도 그것을 새가슴, 안전빵 등등을 운운하며 자신을 자책할 필요도 없고, 상대들이 어떤 구찌를 하더라도 전혀 신경 쓸 필요가 없다. 승부에서는 그 어떤 이론보다도 중요한 것이 바로 자신의 느낌이기 때문이다.

따라서 9탑, 10탑이라도 여러분이 베팅하고 싶다고 느낄 때는 자신 있게 베팅하고, 7탑이 아니라 6탑이라도 여러분이 베팅하고 싶지 않다는 기분을 느낀다면 그때는 베팅을 하지 않아도 좋다는 것이다. 그리고 나서의 결과는 여러분의 선택에 의한 여러분의 몫이라고 담담하게 받아들이면 된다.

♥ 주변의 시선을 의식해 내키지 않는 베팅을 하지 마라

몇 가지 예를 들어, 누구라도 베팅을 하는 것이 정상인 상황일지라도 여러분이 '왠지 지금은 베팅하기 싫어'라는 기분을 느꼈을 때라면 굳이 억지로 베팅하지 않아도 좋다는 점을 이야기했다. 지금의 이야기는 앞의 예와 같은 상황에서 반드시 베팅을 하지 말라는 뜻이 결코 아니다. 베팅을 하는 것이 정상적인 운영이다.

단지 베팅을 하더라도 '안 하면 안 되기 때문에 무조건 해야 한다'라는 의무감에 따라 베팅을 할 필요는 없다는 이야기다. 아주 쉽게 말해 '하기 싫으면 하지 마라'는 뜻이다.

그런데도 많은 사람이 그러한 상황에서 베팅을 하지 않으면 마치 무슨 큰 잘못이나 하는 것처럼, 큰 사고나 치는 것처럼 생각한다. 그리고는 주변의 시선을 의식해 원치 않는 선택을 해버리는 일이 종종 발생한다. 하지만 이제는 그런 쓸데없는 생각을 떨쳐버려야 한다. 어떤 상황에서 어떤 패를 가지고 베팅을 하든, 콜을 하든, 죽든, 그것은 테이블에 앉아 있는 모든 사람에게 똑같이 주어지는 고유 권한이기 때문이다.

"베팅 시원시원하네."

"게임 정말 화끈하게 하네."

대한민국 어느 포커게임장을 가봐도 심심찮게 들을 수 있는 말이며, 포커게임을 하는 사람이라면 누가 들어도 기분이 나쁠 리 없는 말이다. 그

렇다면 과연 이 말은 칭찬일까?

만약 게임에서 좋은 성적을 올리는 사람이 이런 말을 듣는다면 칭찬이 분명하다. 그러나 성적이 좋지 않은 사람에게는 칭찬이 아니라 조롱임을 이제는 반드시 깨달아야 한다.

7. 가장 앞에서 아침2컷에 좋은 족보가 맞았을 경우

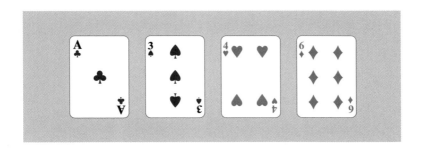

아침에 아무 생각 없이 2컷을 했는데 'A-3-4-6'이라는 환상적인 카드로 메이드가 됐다. 그런데 여러분의 베팅 위치가 맨 앞이다. 뒤에는 네 명이 베팅 순서를 기다리고 있다.

ⓐ 2-3-2-1
ⓑ 1-2-3-2
ⓒ 탑집이 없을 때

ⓐ~ⓒ은 여러분의 뒤에 있는 상대들이 아침에 커트한 카드의 장수다.

즉 ㉠은 바로 다음 사람이 2컷, 그 다음이 3컷, 2컷, 맨 마지막이 탑(한 장)을 바꾼 상황이라는 것이다. 그랬을 때 ㉠, ㉡, ㉢ 각각의 상황에 따른 올바른 운영 방법을 찾아보도록 하자.

♥ 맨 뒤에 탑집이 있을 때

㉠의 경우처럼 맨 뒤에 탑집이 있을 때는 체크를 하고 나가는 게 정상적인 운영 방법이다. 이러한 상황에서 여러분이 만약 먼저 베팅을 하고 나간다면, 중간에 있는 사람들은 여러분의 패를 두려워하고 신경을 쓰는 점도 분명 있지만, 그것 못지않게 크게 작용하는 것이 바로 맨 뒤에 탑집이 있다는 점이다. 즉, 중간에 있는 사람들이 콜을 하고 싶은 기분을 느끼더라도 '뒤에 있는 탑집에서 혹시 레이즈가 나올지도 모른다'라는 부담감 때문에 더욱 콜을 하기가 싫어진다는 것이다. 여러분이 미리 베팅을 하고 나감으로써, 중간에 있는 사람들이 콜을 하고 싶은 카드를 가지고 있더라도 뒤에 있는 탑집 때문에 할 수 없이 기권을 하는 그런 경우가 발생한다는 뜻이다. 이렇게 이야기하면,

"무슨 소리냐. 중간에서 7탑이나 8탑으로 메이드가 돼 있으면 레이즈가 나올 수도 있지 않느냐?"

라며 의문을 제기할지도 모르겠다. 맞는 말이다. 이와 같은 경우라면 여러분이 먼저 베팅을 하고 나가는 게 더 올바른 방법이 된다. 이런 경우에 7탑이나 8탑으로 메이드된 사람을 상대로는 여러분이 미리 치고 나가는 것이 분명 더 많은 소득을 올릴 수 있다는 것은 틀림없는 사실이다. 하지만 다른 사람들까지 감안한다면 역시 올바른 운영 방법은 맨 뒤에 탑집이 있을 경우에는 체크를 하고 나가야 한다는 점을 깨달아야 한다.

그리고 ㉠의 상황에서 처음부터 아예 큰 승부를 노리고 바로 베팅을 하고 나가는 것이 경우에 따라 유력할 때도 있는 것은 분명한 사실이다. 또한 뒤에 있는 사람들의 스타일에 따라 미리 베팅을 하고 나가야 할 경우도 얼마든지 있다. 하지만 그것은 고차원적인 베팅 기술이기에 그 부분에 대한 자세한 설명은 다음 기회에 하겠다.

또한, ㉠과 같은 경우에 여러분이 아침 2컷에 J탑이나 Q탑 등 안 좋은 메이드가 됐다면, 이때는 미리 베팅하고 나가 맨 뒤에 있는 탑집의 힘을 이용해 중간에 있는 사람들을 기권시켜야 한다.

♥ 바로 뒤에 탑집이 있을 때

그러면 ㉡(1-2-3-2)과 경우에는 어떻게 해야 하나? 이때는 무조건 먼저 베팅하고 나가야 한다. 이와 같은 경우라면 여러분 다음에 바로 탑집이 있기 때문에 미리 베팅하고 나갔을 때 탑집에서 죽든, 콜을 하든, 레이즈를 하든 여러분에게 피해가 될 일은 없기 때문이다(이때 탑집에서 만약 레이즈를 한다면, 뒤에 있는 사람들에게는 더 큰 부담이 돼 죽게 할 가능성이 높지만, 이때는 탑집을 상대로 바로 큰 승부를 만들면 된다).

이때는 뒤에서 2컷, 3컷을 한 사람들도 탑집의 플레이를 본 후 자신들의 선택을 결정하면 된다. ㉠의 케이스에서처럼 '콜을 했는데 뒤에서 빠꾸 나오는 거 아니야?'라는 식의 걱정은 하지 않아도 되는 상황이라는 뜻이다.

물론, 맨 뒤에서 2컷을 한 사람이 레이즈를 하는 경우도 발생할 수 있지만, 그것은 일어난 다음에 생각할 일이다. 뒤에 2컷을 한 사람이 있을 때, 그 사람이 레이즈할 것을 두려워해 자신의 플레이에 큰 영향을 받지는 않는다는 것이다. 그렇기에 이때라면 무조건 미리 베팅하고 나가서 큰 승부를 노려야 한다.

♥ 뒤에 탑집이 없을 때

ⓒ처럼 뒤에 있는 네 명 중 탑집이 한 명도 없을 경우에는 어떻게 해야 할까?

'전부 다 빌빌거리는 집들뿐이니 체크를 하고 살살 데리고 가야 하나?'

이런 생각을 해서는 절대 안 된다. 이러한 생각은 푼돈을 조금 더 챙기는 데는 도움이 되겠지만 큰 소득을 얻으려면 절대로 생각해서는 안 되는 방법이다. 이때 역시 무조건 미리 베팅하고 나가야 한다.

㉠과 ㉡의 경우에는 뒤에 탑집이 있기 때문에 여러분이 미리 베팅하고 나가면 모두가,

'저거 탑집을 뒤에 놓고 미리 때리고 나오는 걸 보니 추라이가 아주 좋든지, 아니면 딜딜하게라도 맞긴 맞은 모양이군.'

이라며 여러분의 패를 어느 정도 메이드로 인정해주는 분위기가 된다.

하지만 ⓒ의 경우는 모두가 2컷 이상이기에 여러분이 맨 앞에서 미리 베팅하고 나가도 대부분 여러분의 패를 메이드로 봐주기보다는,

'괜찮은 추라이를 건진 모양이군.'

정도로 생각하게 되는 것이 보통이다.

그렇기에 ⓒ과 같은 경우에 여러분이 맨 앞에서 아침2컷에 A-3-4-6과 같은 엄청난 족보를 맞춘다면 이것이 바로 최상의 케이스다. ㉠, ㉡과 비교했을 때, 특히 ㉠보다는 그 부가가치가 몇 배에 달한다고 해도

과언이 아니다.

당연하지 않은가. 탑집이 뒤에 있는데 베팅하고 나가는 것과 탑집이 뒤에 없고 전부 2컷, 3컷만 있을 때 베팅하고 나가는 것의 상황 차이는 실로 어마어마하다. 그렇기에 ⓔ과 같은 경우에는 여러분이 미리 베팅하고 나갔을 때, 뒷집에서 아주 안 좋은 메이드가 됐든지 아니면 추라이가 좋은 경우라도 얼마든지 레이즈가 나오면서 판이 달아오를 수 있다.

지금의 상황은 실전게임을 하다보면 심심치 않게 나오는 일이므로 반드시 정확한 운영 요령을 잘 숙지해 오랜만에 하늘이 내려준 좋은 찬스를 별 소득 없이 기본만 챙기고 돌려보내는 일이 없도록 유념해야 한다.

〈 2권에서 계속 〉

포커게임에서 사용하는 베팅 룰

포커의 종주국인 미국에서 사용하고 있는 포커게임의 베팅 룰은 우리나라에서 사용하는 베팅 룰과는 많은 차이가 있다.

그 가운데는 우리나라 사람들에게는 전혀 생소한 베팅 룰을 이용하는 게임도 있다. 그리고 뒷부분에서 재차 다루게 되겠지만, 그 베팅 룰에 의해 모든 게임을 운영하는 방법이 엄청나게 변화한다는 사실을 여러분들은 반드시 알고 있어야 한다.

이것이 무슨 의미인지 바로 이해가 안 되는 분이 계실지도 모르지만, 베팅 룰이 하프베팅이냐, 풀베팅이냐, 리미트베팅이냐 등등에 따라 카드의 초이스에서부터 베팅 요령, 공갈의 시도 및 체포, 승부를 거는 방법 등 모든 운영이 완전히 바뀌어야 한다는 뜻이다.

우리나라에서는 세븐오디게임, 또는 로우바둑이게임과는 달리, 하이로우 게임에서는 리미트베팅을 이용하고 있는 곳이 많다. 그러나 풀베팅, 하프베팅 등을 사용하는 곳도 무시할 수 없을 정도며, 간혹은 쿼터베팅, 카드베팅(리미트베팅의 일종임) 등의 룰을 이용하고 있는 곳도 있다.

그러면 과연 여러 가지의 베팅 룰 중, 우리나라에서 주로 사용하고 있는 다음의 일곱 가지 베팅 룰에 관해 그 룰이 어떤 것인지, 그리고 어떤 게임에 사용되는 것인지, 특징은 어떤 것이 있는지 등을 자세히 알아보기로 하자.

• 우리나라의 베팅 룰

① 풀베팅(Full betting)

② 하프베팅(Half betting)

③ 쿼터베팅(Quarter betting)

④ 리미트베팅(Limit betting)

⑤ 카드베팅(Card betting)

⑥ 블라인드베팅(Blind betting)

⑦ 체크아웃(Check Out)

① 풀-베팅(Full betting : Pot Limit)

현재 판에 쌓여 있는 금액만큼의 베팅을 할 수 있는 룰이다. 판에 쌓여 있는 금액이 5만 원이면 5만 원까지 베팅을 할 수 있다.

미국에서는 이 베팅 룰을 팟 리미트(Pot Limit)라고 한다.

▶ 특징 : 일반적으로는 베팅의 횟수가 적은 게임에서 주로 사용되는 룰이다. 베팅의 횟수가 많은 게임에서는 아주 큰 승부일 경우 가끔 사용되기도 한다. 고급 베팅기술이 필요하며 서로 간의 위험 부담이 큰 베팅 룰로서, 대부분의 경우 어느 정도 수준 이상의 고수들이 주로 사용하는 룰이다.

▶ 주로 사용되는 게임

– 깜깜이 하이로우 1타임(카드를 바꿀 기회가 한 번인 게임)

– 바둑이 하이로우 1타임

– 아주 드물게는 깜깜이 하이로우 2타임, 바둑이 하이로우 2타임, 그리고 세븐오디, 로우바둑이 등에서 사용되기도 한다.

② 하프-베팅(Half betting)

현재 판에 쌓여 있는 금액의 반을 베팅할 수 있는 룰. 판에 쌓여 있는 금액이 5만 원이면 2만 5,000원까지 베팅할 수 있다.

▶ 특징 : 우리나라의 거의 모든 게임에 사용하고 있는 룰이며, 여러 가지 베팅기술이 필요하다. 큰 승부에서 많이 사용되며 베팅의 실력 차이가 크게 작용하는 룰이기도 하다. **전 세계에서 우리나라만 사용하고 있다.**

▶ 주로 사용되는 게임 : 거의 모든 게임에서 사용되는 룰이며, 특히 세븐오디, 로우바둑이, 깜깜이 하이로우, 깜깜이바둑이 하이로우, 한강 등의 게임에 많이 사용된다.

③ 쿼터-베팅(Quarter betting)

판에 쌓여 있는 금액의 1/4까지 베팅할 수 있는 룰.

▶ 특징 : 많이 사용되지 않는 룰이며, 큰 승부를 피하려고 할 때 주로 사용한다.

▶ 주로 사용되는 게임 : 세븐오디, 로우바둑이 등에서 사용되며, 드물게는 하이로우에서도 사용된다.

④ 리미트-베팅(Limit betting) : 우리나라 방식

베팅 금액의 상한선과 베팅의 횟수를 미리 정해놓고 하는 룰. 절대 그 이상의 금액을 베팅할 수 없으며, 레이즈 횟수도 제한돼 있다(레이즈 횟수의 제한은 장소에 따라 약간의 차이가 있지만, 1인 2회 정도로 제한돼 있는 곳이 대부분이다. 그러나 1 : 1 대결일 때는 제한을 두지 않는다).

▶ 특징 : 대부분의 하이로우게임에서 사용되는 룰이며, 베팅의 기술이 하프베팅 룰보다는 게임 결과에 미치는 영향이 훨씬 적다. 즉, 하프베팅과 비교했을 때 공갈이 잘 통하지 않는 룰이므로 하프베팅 룰보다 실력의 차이가 훨

씬 적게 작용한다. 그래서 하이로우게임의 고수들일수록 싫어하는 룰이다. 반대로 하수들은 하프베팅 룰과 비교할 때 훨씬 피해를 줄일 수 있는 룰이다.

▶ 주로 사용되는 게임 : 세븐오디 하이로우, 두만강─섬진강, 식스 투 커트 등과 같이 하이로우게임 중에서 액면에 카드를 오픈시켜 놓고 하는 게임에 많이 사용되며, 로우바둑이, 깜깜이 하이로우, 깜깜이바둑이 하이로우 등과 같이 손에 모든 카드를 들고 하는 게임에서는 잘 사용되지 않는다(이런 게임에서는 거의 하프─베팅을 사용한다).

⑤ 카드-베팅(Card betting) : 리미트-베팅의 일종

무조건 카드를 오픈시키고 하는 세븐오디게임 또는 하이로우게임에서 사용되며, 오픈돼 있는 카드의 숫자만큼 금액을 베팅하는 룰이다.

예를 들면, 세븐오디 하이로우게임의 경우,

4구─바닥에 오픈된 카드가 두 장이다 = 2,000원, 레이즈도 2,000원

5구─바닥에 오픈된 카드가 세 장이다 = 3,000원, 레이즈도 3,000원

6구─바닥에 오픈된 카드가 네 장이다 = 4,000원, 레이즈도 4,000원

히든─   = 5,000원, 레이즈도 5,000원

이런 식으로 각각의 플레이어 앞에 오픈된 카드 한 장마다 정해진 금액을 계산해 베팅하는 룰이다. 즉, 한 장 베팅 금액이 1,000원일 경우에는 위의 설명을 참고하면 되고, 한 장당 1만 원일 경우에는 위의 설명에서 나타난 1,000원이 1만 원으로만 바뀌면 된다. 레이즈 횟수의 제한은 앞의 리미트베팅의 규정과 거의 같다고 생각하면 된다.

▶ 특징 : 주로 사교나 친선도모 등의 자리에서서 많이 사용되며, 큰 승부를 피하고 재미있게 포커게임을 즐기기 위한 룰이다. 하프베팅과 비교했을 때 베팅 실력의 차이가 게임의 결과에 미치는 영향이 훨씬 적다.

▶ 주로 사용되는 게임 : 세븐오디 하이로우, 한강─두만강─섬진강, 식스

투 커트 등과 같이 바로 앞 ④번의 리미트베팅이 사용되는 게임과 거의 같다 (아주 드물게는 세븐오디게임에서 사용되기도 한다).

⑥ 블라인드-베팅(Blind betting) : 우리나라 방식

카드를 나눠주기도 전에 미리 일정 금액을 베팅하는 룰.

▶ 특징 : 주로 시간이 없을 때나, 큰 승부를 만들고 싶을 때 사용된다. 지역에 따라 '민또'라고 표현하기도 한다.

▶ 주로 사용되는 게임 : 거의 모든 종목의 게임에서 가끔 사용된다.

⑦ 체크아웃(Check Out)

베팅 도중 자신의 순서가 됐을 때 체크를 할 수 없는 룰. 즉 자신의 순서가 되면 콜을 하든, 베팅을 하든, 레이즈를 하든, 죽든 선택을 해야 하는 룰. 체크를 하는 것은 죽는 것을 의미한다.

▶ 특징 : 어떤 게임에서든 간혹 사용되긴 하지만, 주로 게임을 하는 모든 사람이 타이트한 운영을 해서 승부가 잘 만들어지지 않는 경우에 사용하는 룰이다.

▶ 주로 사용되는 게임 : 거의 모든 종목의 게임에서 가끔 사용된다.

우리나라에서는 이상의 일곱 가지 베팅 룰이 가장 일반적으로 사용된다. 그 중에서도 ②번의 '하프베팅'이 모든 포커게임에 가장 공통적으로 사용되는 룰이다. 하이로우게임에서는 ④번의 '리미트베팅'이 가장 많이 사용된다.

• 미국의 베팅 룰

① 리미트-베팅(Limit betting)

우리나라에서 사용하는 리미트베팅의 방식과 약간의 차이가 있다. 미국의
리미트베팅은 크게 팟 리미트, 스트럭처드 리미트, 스프래드 리미트, 이 세
가지로 분류 할 수 있다.

ⓐ 팟 리미트(Pot Limit) : 우리나라의 풀베팅과 동일한 룰(앞부분 참고).

ⓑ 스트럭처드 리미트(Structured Limit) : 예를 들어 3~6달러의 게임
을 할 경우 초반 1~2라운드에서는 베팅 금액이 항상 3달러가 되고, 그 이후
라운드부터 게임이 끝날 때까지는 항상 한 번의 베팅 금액이 6달러가 되는 룰.
보통 한 라운드에서의 총 레이즈 횟수를 4회 또는 5회로 제한하고 있다. 단,
1 : 1 대결일 때는 레이즈 횟수의 제한이 없다.

ⓒ 스프래드 리미트(Spread Limit) : 예를 들어 3~6달러의 게임을 할 경
우 언제든 베팅 금액을 3~6달러 사이에서 베팅할 수 있는 룰. 단, '5달러 받
고 3달러 더'식의 하향 레이즈는 안 된다. 레이즈는 반드시 앞사람이 베팅한
금액과 같거나 그 이상이어야 한다. 단, 올인일 경우는 하향 레이즈도 가능하
다. 최근 들어서는 거의 사용하지 않는 룰이다.

② 노 리미트-베팅(No Limit betting)

말 그대로 베팅 금액의 리미트 없이 언제든지 자신 앞에 있는 모든 돈을 베
팅할 수 있는 룰. 즉, 판에 쌓인 팟이 100달러밖에 안 되더라도 5,000달
러든, 1만 달러든 자신의 의사대로 베팅할 수 있다. 이때 돈이 부족한 상대
의 입장에서는 자신의 테이블 위에 올라와 있는 돈만 모두 집어넣고 승부하
면 된다.

돈이 모자라 올인을 한 사람은 이겼을 때도 자신이 넣었던 부분만큼만 권리를 가진다. 이 룰을 '테이블 스테익(Table Stakes)'이라고 하며, 우리나라 용어로는 '테이블 올인', '테이블 머니', '테이블 베팅' 등으로 표현한다.

지금까지 우리나라와 미국에서 많이 사용하는 여러 가지 베팅 룰에 대해 알아봤다. 각각의 베팅 방식이 나름대로의 특징과 장단점을 가지고 있지만, 필자가 경험해본 바로는 모든 베팅 룰 중 가장 훌륭하다고 생각되는 룰은 역시 우리나라의 하프베팅 룰이다. 좀 전에도 언급했듯이 하프베팅 룰은 전 세계에서 우리나라에만 있는 유일한 룰인데, 이 하프베팅이야말로 포커게임의 모든 매력을 잘 갖추고 있는 룰이라 해도 손색이 없을 만큼 훌륭한 방식이다.

리미트베팅의 경우(미국의 팟리미트 룰은 제외)에는 공갈이 잘 통하지 않기에 포커의 매력이 많이 반감되고, 미국의 노 리미트는 너무 '모 아니면 도' 식의 승부이기 때문이다. 판돈이 100인데 3,000 또는 5,000, 7,000을 친다면 이것은 지나치다는 것이다.

그래서 실제로 벨라지오나 커머스 등에서 노 리미트 게임을 해보면 대부분의 상황에서 주고받는 베팅이 우리나라의 하프베팅과 비슷한 수준으로 이루어진다. 물론, 가끔은 엄청난 금액을 올인하며 노 리미트베팅의 특성을 나타내는 판도 나오고, 노 리미트베팅 방식만이 가지고 있는 짜릿한 스릴과 장점도 매력적인 것은 분명하다. 하지만 필자의 견해로는 그래도 모든 면을 종합해서 비교해봤을 때, 우리의 하프베팅이 모든 포커게임의 장점과 매력을 가장 잘 나타내는 룰이라고 생각한다.

Q
7

당신은 이때 어떻게 하시겠습니까?

여섯 명이 하는 게임에서 아침커트 전 베팅이 끝나고 아침(첫 번째)커트 순서다. 평범한 판이다. 여러분은 뒤에서 두 번째 베팅 위치다. 각각의 커트 수는 아래와 같다.

P(2컷) - M(2컷) - S(탑) - R(탑) - 여러분(2컷) - Y(2컷)

그런데 여기서 여러분은 바로 'A-4-7-8', 8탑으로 메이드가 됐다.

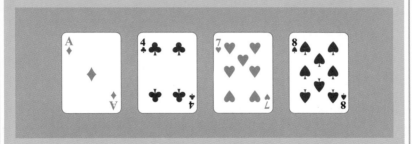

그리고 이제 아침베팅 순서다.
- P(체크) - M(체크) - S(베팅) - R(콜) - 여러분(레이즈) - Y(드롭)
- P(드롭) - M(드롭) - S(콜) - R(콜)

이제 점심(두 번째)커트 순서다.

S와 R은 한 장씩 바꿨고, 여러분은 당연히 스테이.

그리고 나서 세 번째 베팅 순서다.

- S(삥) - R(삥콜) - 여러분(베팅)
- S(레이즈) - R(드롭) - 여러분(콜)

그리고 나서 저녁(마지막)커트였는데, S와 여러분 모두 스테이를 했다. 이제 저녁(마지막)베팅만 남아 있는 상황이다. 여기서 선두인 S가 삥을 달고 나왔다. 자, 여기서 여러분은 어떤 선택을 하겠는가?

ㄱ 자신 있게 베팅을 한다.
ㄴ 약간 불안하므로 삥콜로 응수한다.

〈답〉

　지금과 같은 경우는 실전에서 너무도 자주 접하게 되는 상황이다. 물론 평소 S의 스타일과 여러 가지 상황을 감안해야겠지만, 지금은 베팅을 하는 쪽에 60점을, 콜을 하는 쪽에 40점을 주고 싶다. 그러면 지금부터 그 이유를 살펴보자.

　일단, 여러분의 패는 'A-4-7-8'이다 이것은 거의 9탑에 가까운 8탑으로 봐야 한다. 즉, 같은 8탑이 나올 경우 거의 지는 상황이라는 의미다. 여러분의 패는 9탑에게는 이기고 8탑에게는 지는 패라고 할 수 있다. 그렇다면 이것은 그다지 좋은 메이드라고 할 수 없다.

　하지만 여기서 한 가지 중요한 변수가 있다. 바로 여러분이 아침에 두 장을 바꾸고 바로 스테이를 했다는 사실이다. 즉, S의 입장에서는 일단 여러분의 패를 그리 높지 않게 보고 점심때 레이즈를 했을 가능성이 많다. 그렇기에 S는 9탑이나 10탑 정도만 돼도 점심때 레이즈를 해볼 수도 있었다는 것이다. 그랬다가 여러분이 점심때 레이즈를 맞고도 콜을 하니까 그제야 '2컷이라고 만만히 봤는데 그렇지 않은 모양이구나'라며 꼬리를 내린 모양으로 볼 수 있다. 따라서 이제 상황은 여러분이 칼자루를 쥐고 있는 것이 분명하다. 그렇다면 과연 S의 패는 어느 정도로 봐야 할까?

　이 부분만 정확히 알 수 있다면 정답은 나온다. 그랬을 때 필자라면 S의 패는 7이 달린 8탑이나, 9탑 또는 이것보다 더 안 좋은 족보라고 말하고 싶다. S의 패가 깨끗한 8탑이나 7탑 또는 이보다 더 좋은 족보라면, 저녁(마지막) 베팅 때 먼저 베팅을 하고 나왔을 것이다. 이런 면에서 봤을 때 S의 패는 거의 8탑 이상이라고 예상되지만, 그렇다고 무조건 베팅을 하기에는 부담이 따르는 것이 사실이다.

여러 가지 추리에 의해 S의 패가 8탑 이상이라고 생각되지만, 여러분이 먼저 스테이를 하고 있는데도 점심때 레이즈를 한 것으로 미루어 공갈이 아닌 한 S의 패도 아주 나쁜 패는 아닐 가능성이 있기 때문이다. 즉, S가 마음먹고 공갈을 시도한 것이 아니라면, S의 패는 8탑 아니면 9탑 정도일 가능성이 꽤 높다.

더욱이 만약 여러분이 베팅을 했는데 S가 콜을 한다면, 그것은 S의 패가 거의 8탑 아니면, 9탑 둘 중 하나라 봐야 한다. 만약 S가 10탑보다 안 좋은 족보라면, 여러분에 베팅을 했을 때 콜을 하지 않을 가능성이 많다고 봐야 한다는 것이다.

그렇기에 S가 10탑보다 안 좋은 족보를 가지고 있을 때라면 베팅을 해도 여러분에게 그다지 큰 득이 될 게 없다고 볼 수 있다. S가 콜을 해주지 않을 가능성이 많기 때문이다. 하지만 여러분이 베팅을 했을 때 상대가 콜을 하지 않고 그냥 죽었다고 해서 소득이 전혀 없는 것은 아니다. 금전적으로는 전혀 득이 없지만, 여러분의 패를 오픈하지 않았다는 장점이 있다. 따라서 지금의 문제와 같은 상황은 분명 여러분이 이길 확률이 조금이라도 높고, 베팅을 해야 하는 상황임은 분명하지만, 반드시 베팅을 해야 하는 정도는 아니라는 것이다.

이러한 여러 가지 면을 생각한다면, 어려운 결정이지만 정답은 ㉠에 가깝다고 할 수 있다. 그래서 필자는 베팅을 하는 쪽에 60점을, 콜만 하는 쪽에 40점을 주겠다.

정답 : ㉠

로우바둑이게임 용어

ㄱ

강패 강한 패. 아주 좋은 패를 의미.

게슈타포 공갈 체포를 잘하는 사람을 의미.

골프(golf) 바이시클, 휠, 퍼펙트 등으로도 표현.

공갈 지는 패로 상대를 드롭시키고 이기려고 하는 것. 블러핑, 뻥끼, 구라 등으로도 표현.

구라 ㉠ 사기도박. ㉡ 공갈.

구찌 말로서 상대의 신경을 건드리는 행동이나, 그 말을 의미.

그림 상자곽, 영어, 왕, 박스.

깜깜이 게임이 끝날 때까지 상대의 패를 한 장도 보지 않고 하는 포커게임.

껌 웬만해선 잘 죽지 않고 끝가지 콜을 하고 따라다니는 사람. 탱크. 본드. 진드기.

꽁지 노름판에서 빌린 돈. 노름판에서 돈을 빌리는 것. 또는 돈을 빌려주는 사람.

ㄴ

낫싱(nothing) 로우바둑이에서는 A-2-3을, 일반 하이로우게임에서는 A-2-3-4를 의미.

낫싱식스(nothing six) 로우바둑이에서는 A-2-3-6을, 일반 하이로우게임에서는 A-2-3-4-6을 의미.

낮은 포복 베트콩, 콧구멍. 엎드려 쏴.

넌 플러시(non flush) 무늬가 다 다른 것.

넥스트(next) 메이드나 추라이가 서로 같을 경우, 그다음의 숫자를 의미.

노 리미트베팅(no limit betting) 매 라운드마다 언제든 자신이 가지고 있는 모든 돈을 베팅 할 수 있는 룰.

노 메이드(no made) 메이드가 완성되지 않은 상태를 의미.

노 사이즈(no size) 카드를 옆에서 쪼았을 때 아무것도 보이지 않는 숫자. A ,2, 3을 의미.

다이(die) 폴드, 드롭.

다이렉트콜(direct call) 주저 없이 하는 콜. 숨도 안 쉬고 하는 콜을 의미.

달고 간다 자신의 패가 아주 좋을 때 뒷사람을 데리고 가는 행동 . 데리고 간다.

달렸다 메이드나 추라이에서 가장 높은 숫자 다음의 숫자도 가지고 있다는 의미.

데리고 간다 자신의 패가 아주 좋을 때 뒷사람을 데리고 가는 행동 . 달고 간다.

되빠꾸 2단 레이즈.

뒷전 게임을 하지 않고 뒤에 있는 사람을 의미. 반대≠앞전

듀스(deuce) 2를 의미. 오리라고도 표현.

드로우포커(draw poker) 게임이 끝날 때까지 상대의 패를 한 장도 보지 않고 하는 포커게임. 깜깜이. 반대≠드로우포커

드롭(drop) 이길 자신이 없을 때 패를 꺾는 것을 의미. 보통 다이, 폴드 등

으로도 표현.

딜러(dealer) 카드를 나눠주는 사람.

떡 같은 숫자나 같은 무늬가 들어오는 것. 쫑.

람보 아주 강한 베팅으로 판을 흔드는 사람. 머신건이라고도 표현.

레이즈(raise) 상대가 베팅한 금액을 받고 그것보다 더 올려서 베팅하는 것.
빠꾸.

레인보우(rainbow) 세 장, 또는 네 장의 카드가 모두 무늬가 다른 상태를 의
미.

리레이즈(reraise) 상대의 레이즈를 받고 한 번 더 레이즈를 하는 것. 2단
레이즈.

리미트베팅(limit betting) 매 라운드마다 베팅할 수 있는 금액이 정해져 있
는 룰.

리버(river) 마지막 카드.

마귀 게임을 아주 잘하는 사람을 의미. 타짜, 병장, 중사, 의사, 짝대기 등으
로도 표현.

마사지 1 : 1대결을 의미. 헤즈업이라고도 표현.

마킹(marking) 카드 뒷면에 표시를 하는 것.

머신건(machine gun) 람보.

메이드(made) 7탑, 8탑 등으로 완성이 된 상태를 의미.

메이드첵(made check) 메이드를 가지고 체크를 하는 행동.

메인팟(main pot) 판에 쌓여 있는 모든 돈. 본팟.

모도 본전, 또는 돈을 의미하기도 한다.

밀어내기 공갈이나 베팅, 레이즈 등으로 상대를 드롭시키려는 행동.

ㅂ

바이시클(bicycle) 휠, 퍼펙트, 골프 등으로도 표현.

박스(box) ㉠ 네 장, 또는 네 장을 바꾸는 것을 의미. ㉡ J, Q, K 등의 그림 카드를 의미. 이때는 그림, 상자곽, 영어, 왕 등으로도 표현한다.

박카스 재떨이.

방수 게임하는 플레이어들의 실력을 의미. 보통 '방수가 좋다', '방수가 지옥이네' 등으로 표현한다.

배우 사기도박을 할 때 바람잡이 역할을 하는 사람.

백기사 정상 게임을 하는 사람. 반대≠흑기사.

백지 정상 게임.

베이스(base) 바둑이게임에서 세 장으로 만들어진 족보 상태를 의미한다. 보통 추라이, 세 장 등으로도 표현.

베트콩 게임을 아주 타이트하게 운영하는 사람. 콧구멍, 낮은 포복, 엎드려 쏴 등으로도 표현한다.

베팅(betting) 게임 중에 돈을 거는 행동. 보통 빠따라고도 표현.

병장 타짜, 마귀, 중사, 의사, 짝대기.

본드 껌, 탱크, 진드기.

본방 하우스에 소속된 선수.

본팟 판에 쌓여 있는 모든 돈. 메인팟.

블랙(black) 검은색 카드를 의미.

블러핑(bluffing) 공갈, 뻥끼, 구라.

빅팟(big pot) 큰 승부.

빠꾸 레이즈.

빠따 베팅.

뻥끼 공갈, 블러핑, 구라.

뻥 상대가 베팅을 했을 때 레이즈를 할 수 있는 권리를 가지기 위해 미리 베팅하는 최소한의 돈을 베팅하는 것. 미국에는 뻥이라는 베팅 룰이 없다.

ㅅ

사대가 안 맞는다 게임이 잘 안 풀리는 상대나 장소를 의미하는 말.

사이드팟(side pot) 베팅 도중 올인된 사람이 있을 경우, 올인된 사람은 가지고 갈 수 없는 돈을 의미.

사진 인상. 보통 '탈'이라고도 표현.

상자곽 영어, 그림, 왕, 박스.

상황구라 게임 진행 상황상 누가 보더라도 인정해줄 수밖에 없는 그런 상황에서 시도하는 공갈을 의미.

새드콜(sad call) 슬픈 콜. 말 그대로 지는 것 같다고 느끼면서 하는 콜. 반대≠스마일콜.

서드(third) 세 번째로 높은 족보를 의미. 로우에선 A-2-4-5를, 하이에선 A-K-J-10을 의미.

선수 플레이어.

세컨드(second) 두 번째로 높은 족보를 의미. 로우에선 A-2-3-5를, 하이에선 A-K-Q-10을 의미.

셔플(shuffle) 처음에 카드를 섞는 것.

쇼돌이 돈을 많이 따는 것을 의미.

수술 고수가 하수들의 돈을 따는 일.

수술실 게임 테이블.

수심 낚시용어로, 물의 깊이를 나타내는 말. 플레이어들의 자금 상황. 보통, '수심은 깊냐?', '수심은 좋냐?'라는 식으로 표현한다.

스마일콜(smile call) 즐거운 콜. 아주 기분 좋게 하는 콜. 반대≠새드콜.

스윙(swing) 하이로우게임에서 하이와 로우 두 방향에서 모두 승부하겠다는 의사 표시.

스터드포커(stud poker) 정해진 규정만큼 패를 오픈하면서 하는 포커게임.

스테이(stay) 카드를 바꾸지 않는 것을 의미.

스테이집 한 장도 바꾸지 않은 사람을 의미.

쓰리사이즈(three size) 카드를 옆에서 쪼았을 때 점이 세 개 보이는 숫자. 6, 7, 8을 의미.

쓰리컷(three cut) 세 장, 또는 세 장을 바꾸는 것을 의미.

쓰리컷 스테이(three cut stay) 세 장을 바꾼 후 스테이를 하는 것.

쓰리투원(3-2-1) 바둑이게임에서 카드를 바꾸는데 제한을 두는 룰. 즉, 아침에는 세 장까지, 점심에는 두 장까지, 저녁에는 한 장만 바꿀 수 있는 룰.

아침 첫 번째 커트를 의미.

아침베팅 두 번째 베팅. 아침커트 후에 하는 베팅.

아침커트 전 베팅 첫 번째 베팅.

안 달렸다 메이드나 추라이에서 가장 높은 숫자 다음의 숫자는 가지고 있지 않다는 의미.

안경 8을 의미.

앞마이 게임 중에 자신의 앞에 있는 돈을 의미. 앞전이라고도 표현.

앞마이 이동 어느 한 사람 앞에 있는 돈이 한번에 모두 상대에게 넘어가는 것.

앞전 ㉠ 게임 중에 자신 앞에 있는 돈을 의미. 앞마이로도 표현. ㉡ 게임을 하는 선수를 의미. 반대≠뒷전

언더 더 건(under the gun) 총구 앞에 있다는 뜻으로, 가장 나쁜 베팅 위치를 의미.

엎드려 쏴 베트콩, 콧구멍, 낮은 포복.

엔티(enty) 게임을 시작하기 전에 모든 플레이어가 내는 돈. 보통 '학교', '학교 가기' 등으로도 표현.

엠비씨 A-2-3을 의미. 낫싱이라고도 표현.

엠비씨초 A-2-3-5를 의미. 보통 낫싱5, 세컨드 등으로도 표현.

여자 Q를 의미.

영어 그림, 상자곽, 왕, 박스.

올인(all in) 자신이 가진 돈을 모두 집어넣는 것. 또는 돈이 하나도 없음을 의미.

왕 상자곽, 영어, 그림, 박스.

의사 타짜, 마귀, 병장, 중사, 짝대기.

ㅈ

자격 특정 족보 이상 되지 않으면 돈을 가지고 갈 수 없는 룰에서 그 기준을 나타내는 족보.

재떨이 하우스에서 심부름하는 사람. 박카스라고도 부른다.

잭팟(jackpot) 큰 승리. 슬럿머신에서 터지는 잭팟의 의미.

저녁 세 번째(마지막) 커트를 의미.

저녁베팅 네 번째 베팅. 보통 마지막 베팅이라고 표현함. 저녁커트 후에 하는 베팅.

점심 두 번째 커트를 의미.

점심베팅 세 번째 베팅. 점심커트 후에 하는 베팅.

조황 낚시에서 사용하는 용어. 판의 분위기, 플레이어들의 실력이나, 지금 상황 등을 의미하는 말로써 보통 '조황이 어때?', '조황은 괜찮냐?' 등으로 표현.

중사 타짜, 마귀, 병장, 의사, 짝대기.

진검승부 실력 대결.

진드기 껌, 탱크, 본드.

진카 좋은 카드, 또는 공갈이 아닌 카드.

짜른다 카드를 바꾸는 것을 의미.

짝대기 게임을 아주 잘하는 사람을 의미. 마귀, 타짜, 병장, 중사, 의사 등으로도 표현.

쫑 같은 숫자나 무늬가 들어오는 것. 떡.

찝게 게임 판에 돈이 많이 쌓여 있을 때, 고리를 떼는 행동이나, 그 행동을 하는 사람.

ㅊ

창고 게임이 벌어지는 장소. 현장.

체크(check) 베팅을 하지 않겠다는 의사 표시.

쳌레이즈(check raise) 체크를 한 사람도 레이즈를 할 수 있는 룰.

쳌아웃(check out) 자신의 베팅 순서에서 무조건 체크를 할 수 없는 베팅 룰.

초 5를 의미.

초구 아침.

초이스(choice) 처음에 카드를 받았을 때 어떤 카드를 버릴지 결정하는 일.

촉 감각. 보통 촉이 빠르다, 예리하다, 깊다 등의 식으로 표현.

총알 돈.

추라이(try) 바둑이게임에서 세 장으로 만들어진 족보 상태를 의미한다. 보통 베이스, 세 장 등으로도 표현.

취직 게임에 참여하는 것.

취팅(cheating) 모든 카드를 다 받은 후, 그 카드를 한 장씩 오픈하며 하는 게임 룰.

치수구라 실력 차이가 많이 나는 사람들 사이의 게임을 가리키는 말.

ㅋ

커트(cut) 카드를 바꾸는 것. 컷이라고도 표현함.

컴퓨터(computer) 사기도박의 일종.

코를 판다 게임을 굉장히 타이트하게 하는 것을 의미.

코앞 베팅이나, 레이즈를 한 사람의 바로 뒤를 의미.

코앞에서 레이즈를 한다 베팅하고 나온 사람 바로 뒤에서 레이즈를 하는 것.

콜(call) 상대의 베팅을 받는 것. 또는 상대의 베팅을 받겠다는 의사 표시.

콜레이즈(call raise) 콜을 한 사람도 레이즈를 할 수 있는 룰.

콧구멍 베트콩, 낮은 포복, 엎드려 쏴.

타짜 게임을 아주 잘하는 사람을 의미. 마귀, 병장, 중사, 의사, 짝대기 등으로도 표현.

탄 사기도박의 한 종류로, 미리 상황이 만들어져 있는 카드목.

탈 인상. 보통 '사진'이라고도 표현.

탑(top) ㉠ 한 장, 또는 한 장을 바꾸는 것을 의미. ㉡ 그 숫자로 메이드됐음을 의미. 예) 7탑: 7로 메이드된 것을 의미한다.

탑띠기 로우바둑이게임을 의미.

탑 스테이(top stay) 한 장을 바꾼 후 스테이를 하는 것.

탑집 한 장을 바꾼 사람을 의미.

탱크 ㉠ 웬만해선 잘 죽지 않고 끝까지 콜을 하고 따라다니는 사람. 껌, 본드, 진드기 ㉡ 무작정 밀어붙이는 사람.

테이블머니(table money) ㉠ 테이블 위에 올려져 있는 돈. ㉡ 테이블 위에 올려져 있는 돈까지만 베팅할 수 있는 룰. 이때는 보통 테이블베팅, 테이블올인, 테이블스테익 등으로도 표현한다.

테이블베팅(table betting) 테이블올인, 테이블스테익, 테이블 머니.

테이블스테익(table stake) 테이블베팅, 테이블올인, 테이블 머니.

테이블올인(table allin) 테이블베팅, 테이블스테익, 테이블 머니.

투사이즈(two size) 카드를 옆에서 쪼았을 때 점이 두 개 보이는 숫자. 4, 5를 의미.

투컷(two cut) 두 장. 또는 두 장을 바꾸는 것을 의미.

투컷 스테이(two cut stay) 두 장을 바꾼 후 스테이를 하는 것.

투투원(2-2-1) 바둑이게임에서 카드를 바꾸는 데 제한을 두는 룰. 즉, 아침에는 두 장까지, 점심에도 두 장까지, 저녁에는 한 장만 바꿀 수 있는 룰.

파인애플(pineapple) 처음에 서비스 카드를 주는 룰.

판데기 ㉠ 게임 테이블을 의미. 보통, '판데기를 뜯는다', '판데기를 쪼갠다'라는 식으로 돈을 많이 따는 것을 의미한다. ㉡ 판에 쌓여 있는 돈을 의미. 보통 '판데기가 좋다'라고 하여 판에 돈이 많이 쌓여 있거나, 또는 멤버들이 돈을 많이 가지고 있는 것을 의미한다.

팟(pot) 판에 쌓여 있는 돈을 의미.

팟리미트(pot limit) 바닥에 쌓여 있는 금액까지 베팅할 수 있는 룰. 풀베팅이라고도 한다.

패턴스테이(pattern stay) 처음에 패를 받고 바로 스테이를 하는 것.

퍼펙트(perfect) A-2-3-4를 의미. 휠, 바이시클, 골프 등으로도 표현. 가끔 '다 더해서 텐'이라고 재미있게 표현하는 사람도 있음.

포사이즈(four size) 카드를 옆에서 쪼았을 때 점이 네 개 보이는 숫자. 9, 10을 의미.

폴드(fold) 드롭, 다이.

플러시(flush) 무늬가 다 같은 것.

플레이어(player) 핸디, 선수.

핑크(pink) 빨간색 카드를 의미.

하우스(house) 포커게임을 하는 장소

하우스장 하우스의 주인.

하자 문제.

하프(half) 판에 쌓인 금액의 절반을 의미. 또는 그 금액을 베팅하는 행동을 의미.

하프베팅(half betting) 판에 쌓인 돈의 절반까지 베팅할 수 있는 룰.

학교 엔티

핸디(handy) 플레이어, 선수.

헤즈업(heads up) 1:1대결을 의미. 마사지.

현장 게임이 벌어지는 장소. 창고라고도 표현.

환자 게임을 아주 좋아하는 사람. 그중에서도 특히 하수를 의미.

휘젓는다 흔든다.

휠(wheel) 퍼펙트, 바이시클, 골프 등으로도 표현.

휠추라이(wheel try) ㉠ 휠을 노리는 추라이. 즉, A-2-3, A-2-4, A-3-4, 2-3-4 등의 추라이. ㉡ 은어로 인상이 좋은 사람, 잘생긴 사람을 의미하기도 한다. 반대≠9탑 추라이

흑기사 사기도박을 하는 사람. 반대≠백기사.

흔든다 베팅을 거세게 하는 것을 의미. 보통 휘젓는다고도 표현함.

히든(hidden) 마지막, 또는 마지막에 받는 카드를 의미. 또는 감춰진 카드.

기타

2단 레이즈 상대의 레이즈를 받고 한 번 더 레이즈를 하는 것. 리레이즈.

3단 레이즈 상대의 2단 레이즈를 받고 한 번 더 레이즈를 하는 것.

3장 바둑이게임에서 세 장으로 만들어진 족보 상태를 의미한다. 보통 추라이, 베이스 등으로도 표현.

4포 네 명이 하는 게임.

5포 다섯 명이 하는 게임.

6포 여섯 명이 하는 게임.

9탑 추라이(9 top try) ㉠ 9탑을 노리는 추라이. 보통 나쁜 추라이를 의미한

다. ⓒ 은어로서 인상이 나쁜 사람, 못생긴 사람을 의미하기도 한다. 반대≠
휠추라이